U0917259

生产与商贸习俗

张文广 著

民俗山西

杨茂林 主编

序

《左传·僖公二十八年》:“子犯曰:‘战也。战而捷，必得诸侯。若其不捷，表里山河，必无害也。’”

杜预　注:“晋国外河而内山。”

瞧这一片南北狭长的地带，地势由东北斜向西南逐渐下沉，里里外外分布着高山大河，几乎把山西全境给围了起来，造就了山西典型的黄土高原景致：一望无际覆盖的黄土，一览无余广布的山脉，几乎是山峦叠嶂、岭谷纵横，丘陵起伏、沟壑遍野，不乏险峻幽深，不缺粗犷雄秀，山色不同、神态各异，干旱少雨、四季分明。数千年来，我们的祖先一辈一辈生活在这里，自给自足，繁衍生息，同这块属于温带大陆性季风气候的土地相存相生相斗相融，把这里耕耘成了北方地区较为适合人类居住的地方。我一直认为，这个区域就是大自然的能量和人类的力量结合得最完美和最充分的地方之一。

一

东是巍峨雄伟的太行山脉，诸多名山从东北倾西南构成系列山地，恒山、句注山、五台山、系舟山、太行山、太岳山、王屋山、中条山呈“多”字形延展，雄浑壮阔、不同凡响，不仅是黄土高原的东界，而且是中国地形第二阶梯的东缘。这里地势险要，山高林密，河川交织，干旱少雨，山间存在着不少沉降盆地。上党盆地周边群山环绕，清漳河、浊漳河汇流此地，平畴绿野，嘉禾郁郁，涓涓细水，成河飞流，泽州盆地周围皆山，中部平坦，丹河、沁河流穿其间，森林茂密，水源富集，岩洞奇绝，瀑布垂练，都是一派自然天成、引人入胜的景色。其南端主要是中条山脉，其中历山北倚汾渭地堑，南临黄河谷地，山势陡峭、山丘众多，气候温暖、雨量充沛；中条山兀立于运城盆地和黄河谷地间，陡峰深谷、层峦叠翠，丛林荫蔽、草甸丰美，适宜人类繁衍生息。太行山脉是我们祖先最早出现的地区之一，早在 180 万年前，远古人类就开始在这里活动，历经旧石器和新石器时代，留下了人类起源和社会演进的诸多轨迹，如曾经在北部山麓地带狩猎为生的许家窑人，在中部东麓过着原始定居生活的磁山人，在南边过着刀耕火种采集狩猎群居生活的下川人，还有离我们更近的、已经步入青铜时代的东下冯人。是这片古老广袤厚实的土地，以及生活在其上的粗犷淳朴勤劳的先人，一起创造共享传承了丰富多彩、恢弘大气的中华文明的历史篇章。

西是覆盖深厚黄土的吕梁山脉，自东北向西南横亘着七峰山、洪涛山、管涔山、芦芽山、云中山、黑荼山、关帝山、紫荆山、龙门山等断块山地，宛如一条脊梁，中间隆起两边低延。从西坡看，吕梁山地向黄河谷地延伸，整体上东高西低，黄土广泛覆盖，受季风影响，气候干旱温暖，丘陵众多，墚峁成群，沟壑纵横，间有台垣盆地，地形支离破碎；从东坡看，黄土断续分布，山多坡广川少，气候湿润寒冷，有土石山区、黄土丘陵、沿川河谷，有高山峻岭、高山草甸、高山天池，也有寒温带针叶林、温带针阔叶混交林、暖温带阔叶林。吕梁山脉也是我们祖先较早活动的区域，从旧石器时代起就有人类生存，吉县柿子滩遗址有中国历史上最早的"火塘"遗迹，到新石器时代，人类活动更加频繁，成为沟通中原和西部地区交往的重要纽带。吕梁山是个很奇特的地方，自然条件恶劣、生存环境艰苦，但数千年来，我们的祖先与天斗、与地斗，开创了适合自身的生产生活方式，成就了代代相传、生生不息的人类传奇。

两山之间则是一连串狭长的台阶式下降的断陷盆地，由东北向西南依次延伸，大致连成一条飘动的走廊，土地平坦，聚水避风，流淌着多条非常重要的河流，省域内数百处石器时代人类文化遗址几乎全部分布在这些河流两岸的台地与山前丘陵地带上。大同盆地在省域北部，是北方之门户，边缘山地丘陵，留有多座火山，桑干河从中流过，两岸地势平坦宽广。至少约2.8万年前，在旧石器时代晚期，峙峪人就在这里繁衍生息。下来就是省境中部偏北的忻州盆地，有高山环绕，还有洪积平原发育的滹沱河上游谷地和地势平坦的忻定盆地。旧石器时代中期这里就出现了人类劳动，新石器时代更是广泛聚居着属于仰韶文化和龙山文化类型遗存的原始部落。太原盆地在省域中部，东西与山地相接，盆地由北东向南西延展，汾河中游穿过，土地宽阔肥沃。盆地边缘环绕着黄土台地和黄土丘陵，在仰韶时期就有人类活动，到了龙山时期，先人则出现在平原周边稍高的地方。往南过霍山口是临汾盆地，至侯马折向西，东西以大断层与山地相接，汾河下游穿经流入黄河，土壤肥沃，气候温暖。晚更新世早期的“丁村人”就在这里生活繁衍，过着采集狩猎的集体生活。作为山西新石器时代早期的枣园稼穑，就折射出先民早期的农业活动情况。陶寺文化更是标志了文明社会的到来，农耕成为养育先民的基本的生产生活方式。最后是运城盆地，省域西南部一个强烈的沉降盆地，盆地内多河湖堆积，涑水河由东北向西南流入黄河，四季分明、无霜期长。这里留存有很多旧石器时代至龙山文化晚期遗迹，是寻找夏文化源头的重要区域。

世界上很少有自然环境如此艰苦，人类的生命力又如此顽强生长、旺盛充沛的地方。我深切感到，这片土地非常慷慨，对一切已经发生、正在发生以及将要发生的都悉心收纳，从不推诿放弃，不会让任何劳动没了收获，至迟从180万年前开始，就以兼爱无私的博大胸怀，无怨无悔、不离不弃地养育了一代一代命运多舛、抗争不息、勤劳不怠、淳朴诚实的先民，留下了女娲造人、精卫填海、后羿射日、愚公移山等感人故事；而先民对自身价值的发现，对文明社会的探索，都来自身下这片土地，他们不断窥探自然的奥秘，挖掘生活的价值，调节社会的关系，忍耐痛苦的折磨，享受人生的快乐。凡此种种，经年累月，就在山西这样一个相对封闭的区域内，长出了富有特色的民俗文化，流出了含蓄而奔放、凄美而热烈的山西故事。我经常想，只有深刻了解了这片土地及其上的所生所长，人们才能进一步认识到，这个世界上多灾多难的古老民族，为何能一路走来、生生不息！

的确，自先民最早踏上这块土地，便在这里开拓自己、和纳他人。由于地理位置和特殊条件，农耕民族和游牧民族在这里持续对峙碰撞，不断有新民族迁入、有汉民族迁出，经常是大出大进，所以多民族在此杂居生活、交融文化，加之区域内各地环境差异较大，地理、水文、气候、物产、语言等多有不同，使得生产生活、居民性格、社会交往等各具特色，因此，这里的民俗文化自然也是多元生长、丰富多彩，形式有异、特点纷呈。事实上，山西民俗有中国北方汉民族的文化共性，也蕴含独特的地域风情，这是自然因素的影响，也是民族融合的特殊文化气质的渗透。从胡服骑射到文明新装、从穴居野处到晋商大院、从羊皮筏子到黄河大桥，都呈现出物质精神生活的演进以及生产生活方式的变化，透露了山西民俗所涉及的民族生活和繁衍的信息，以及带来的关于民族生存和发展的启示，使人更加深刻地感受了传统文化视野下山西区域的人与人、人与自然、人与社会的关系。特别是，虽然这里生存条件不是很好，有些地方还很恶劣，人们活得比较艰苦，但是他们始终追求美好的强烈愿望、敢为人先的奋斗精神、诚信守义的生活态度，确实都通过民俗文化及其背后故事生动地跃然纸上，令我们感慨不已。作为后人，我们要有敬畏，应该倍加珍惜！

二

山西民俗涉及人们的衣食住行以及信仰、禁忌等方方面面的内容，有显著的活态特点和十分广泛的群众基础。从理论上看，“民”一般指民间或百姓，“俗”则多指其生活习惯或方式所涉及生活的文化。葛剑雄先生认为，“俗”比较稳定，存在时间较长，影响范围较大，这样“俗”被越来越多的人接受，逐渐成了群体生活的重要部分。而钟敬文先生则认为，民俗既是一种历史文化传统，也是人民现实生活中的一个重要组成部分。我个人以为，“民俗”形成的本身就是一个动态过程，然而一经历史沉淀就会成为传统，在得到群体认同的过程中，也会在观念、信仰、准则、习惯、制度等方面得到反映。因此说，民俗具有深刻的文化意义，是传统文化的重要内容，是不同地区人们生活智慧文化的外在体现。在挖掘整理和深入研究中，我始终有个深刻感受，那就是山西民俗是一种活化的历史文化资源，是传统文化的基础或底蕴，会与不断变化的现实环境相结合衍生出新的形式和内容。而在历史和文明演进中，山西民俗作为传统文化，在民间已经外化为制度和规约，内化为观念和认知，不仅在过去，而且在当下，在百姓日常生活乃至国家社会治理方面都起着重要作用。

事实上，民俗虽然说的是百姓的事情，但是具有非常强烈的主体意识，与民族的生命活力及其延续本身密切相关，很容易实现身份认同，享有共同的生命观。从民俗元素中抽象出的传统文化，都具有原始环境的本真韵味，是原初的思想和根底的行为，凝聚了最基本的人类思想和情感要素。从山西民俗中，可以发现不同时代的人的思想和行为特质，可以从人们思想情感、生产生活中探寻那些流淌着的文化乡愁，那种与泥土青草、村落民居、山川河流同构的浓郁传统生活，通过人与人、人与物、人与天地之间的联系，来透视生长其中的信仰、情感、希望、乐观等。山西民俗反映了人类的生命力，以及人类在生生不息中摆脱不了的宿命。正如楼宇烈先生所认为的那样，生命是一代一代相延续的，父母子女、兄弟姐妹之间有血脉联系，彼此之间都是有责任、义务的。因此，从薪火相传意义上说，山西民俗在本质上就是一种代代延续、辈辈传承的责任或者义务。张岱年先生认为，中国传统文化有两个基本精神，一是“以人为本”，强调人的价值，表现人的自我认识和道德自觉心；一是“以和为贵”，强调人人和谐共进，表现人们的求同存异和多样性统一。山西民俗是特别讲求这些基本精神并以此为底色或本质的。

我国历史源远流长，多民族统一大国是两千年来的基本国情。任继愈先生认为，这个国情综合地显示着中华民族的思想文化、生活准则、宗教信仰、伦理规范、风俗习惯和政治制度。在他看来，观察中国历史、研究中国问题，都不能不以这个国情为出发点，又落脚到这个出发点。显然，任先生这段话主要是从形而上角度来思考的，但对我们深刻认识山西民俗文化有启示意义，因为多民族统一大国的两千多年的基本国情，同样是由悠久流长、多姿多彩的、与百姓生产生活如影随形的民俗文化显示的。换句话说，就是山西民俗文化能从多个角度、在多个层面反映着这一基本国情的思想、准则、信仰、伦理、习惯、制度的主要内容。所以，按照历史唯物主义的观点立场方法，对山西民俗进行文化意义上的梳理分析，更好展示其源流、概括其特点、阐释其价值、揭示其发展规律，对于进一步讲好中华文明、体现中华文明智慧力量，具有重要意义。

山西民俗需要守护和创新。楼宇烈先生说，传统就是我们的原创。这话很有道理。山西民俗作为这样一种原创性的重要传统文化，不能片面理解或者武断排斥，而要全方位记录好保存好，更要主动传承好弘扬好。在当下数据时代、智能社会背景下，在城市化迅猛发展进程中，山西民俗也要创新，以求更好生存发展，融入现代社会并发挥积极作用。因为，每种民俗都镌刻着传统文化内涵，流淌着民族精神价值，都会随着时代变迁而精进发展。今天，百年未有大变局与科技变革大趋势，为这种发展规定了方向和提供了条件。荀子有句话说得好，“循其旧法，择其善者而明用之”，意思是用其善并发扬光大，是发展的核心要义。我以为，其中最大的善，就是在发展中不断彰显人类的生命价值、拓宽人们的精神世界。对民俗文化研究而言，就是围绕生命本身及其延续意义，着力构建起更为广泛的血脉联系和责任义务，并通过不断创造来维护血脉联系和履行责任义务。

山西民俗作为传统文化的重要组成部分留存至今，一定有它长期留存的原因，那些传统社会反复出现的生产生活方式，持续作用的约定俗成、长期持有的信仰禁忌，都与我们能走到今天有直接关系。五年前，当我们以山西文明历史角度，开始研究和撰写《民俗山西》时就讨论过，通过编撰这套文化读物想告诉读者什么、用什么方式告诉、期待产生什么效果的问题。自那以后，这些问题一直伴随着相关的挖掘整理、分析研究、撰写修改的全过程。现在本书即将付梓出版，我们对问题的答案更加清楚了，那就是以人为本、以文化人，不忘本来、面向未来，尽量做到系统全面、图文并茂，着力融合历史性和学术性，力求兼顾现实性和可读性，在此基础上，把一幅幅鲜活生动的民俗画卷奉献给读者，把一个个富有智慧的生产生活启示展现给世人，这应该就是我们研究历史的学者要担起的使命责任吧！

是为序。

杨茂林

2022 年 3 月　太原

目　录

概述

山西生产与商贸习俗分为农林业习俗、畜牧业和渔猎业习俗、手工业习俗、商贸业习俗四个方面。

农林业习俗。作为农耕文明的典型代表，山西农业生产历史悠久，早在几千年前就有后稷在这里教民稼穑，嫘祖在这儿缫丝养蚕。春耕、春种，夏管、夏收、夏种，秋收、秋播、秋耕，冬藏、冬耕，是农人一年耕作的基本规律。古代的山西，森林密布。山西人喜爱种植的树木有枣树、柿子树、桑树、核桃树、梨树、苹果树、葡萄树、花椒树、泡桐树、杨树和柳树等。

畜牧业和渔猎业习俗。山西境内养殖的牲畜，主要以牛、马、驴、骡、羊等为主。在山西各地，牛、马、驴、骡主要用于拉车、耕地、骑、驮之用。山西人养殖鱼类有两种方式，一是利用天然河流养殖，另一种是利用湖泊、池塘与水库养殖。山西人常使用火药猎枪、利用胡鹰猎获鸟类。此外，“下地炮”“烟熏”“扣捕”“诱获”“水灌”等狩猎方法也很常见。

手工业习俗。山西手工业历史悠久，境内各地出土的石器、陶器以及骨器等手工制品，都证明山西手工业生产有着深厚的历史积淀。山西民间传统的作坊种类主要有磨坊、油

坊、酒坊、豆腐坊、纸坊、醋坊、酱坊、染坊、织坊等。工匠主要有木匠、铁匠、石匠、剃头匠、瓦匠、金银匠、磨刀匠等。

商贸业习俗。在山西民间，作为产品交换的商贸习俗十分古老。山西民间谚语“鸡蛋换盐，两不见钱”，反映的就是这种最原始的交易活动。贸易场所主要有市、集、会等形式，人们在这里进行商品贸易，俗称“街市”“赶集”“逢会”。商人的经营方式分为行商和坐商。行商分旅外商、转运商和游商；坐商分钱庄、票号、商号等。商行标志与市声，为的是让顾客耳闻目注，是招徕顾客的重要手段。商行的标志有两种形式，一种是竖立牌匾和招牌，再一种是打出各种样式的幌子。商贸业在经营过程中形成了铺规和店法。明清时期，山西产生了许多豪商巨贾，如祁县乔家、介休侯家、榆次常家、太谷曹家等皆为当时全国有名的巨商。

在农林业、畜牧业和渔猎业、手工业、商贸业习俗的产生过程中，还形成了具有浓郁地方特色的信仰和禁忌。

农林业生产

山西是农业大省，农业发展历史悠久，在距今一万年左右，就开始出现了原始农业。仰韶文化时，今山西南部的人们已经过上定居的农业生活，有了多种农具。传说时代，山西南部已成为黄河流域比较发达的农业地区之一。相传黄帝元妃嫘祖教民养蚕于夏县，黄帝的农师后稷“教民稼穑于稷山”。由于山西的农业源远流长，农业生产中的民俗也丰富悠久。在历史上，山西曾是林木茂密、草场广阔、生态环境良好的地方，但因历代战乱频仍，无休止的砍伐垦荒，森林面积大为减少，不过树木种类至今仍然繁多。山西人民在长期的林业生产中形成了颇具特色的习俗。

中国百姓五千年的生存之本：农业生产

历史上的山西，是以农业生产为主的省份，山西从南到北，农村、农民、农业生产占了绝大多数，在广袤的山西土地上，农业生产成为主要的生产劳动，这些劳动又围绕着农作物的种植而展开。

农作物种类

山西被誉为“小杂粮的王国”。除水稻、小麦外，还有高粱、谷子、大豆、绿豆、荞麦、莜麦、糜黍、甜菜、棉花、胡麻、红薯、马铃薯等农作物。山西民众在长期精耕细作中，积累了丰富的生产经验，在特殊的土壤环境和气候条件下，培育出了许多特色奇异的作物品种，有些还形成了品牌。

小麦，分冬、春两种，雁北地区和晋西北种植春小麦，中部和南部种植冬小麦。冬、春小麦的分布界线大致东起五台山南麓，然后沿恒山南麓至云中山、关帝山，折向西北到河曲、保德黄河谷地。此线以北为春小麦区，以南为冬小麦区。

莜麦，山西是莜麦的故乡。山西的莜麦主要分布在北部高寒地区，蛋白质含量高，同时还富含钙、磷、铁、核黄素等微量元素和一种独特物质——亚油酸。莜麦不仅对脑动脉硬

小麦

化、冠心病、高血压、糖尿病等病症具有预防和治疗作用，而且还可预治贫血和毛发脱落，延缓人体衰老，促进儿童智力和骨骼发育，增强老年人的体质。据考证，右玉县种植莜麦已有2500多年的历史，是目前国家投资建设的医用保健燕麦片厂和优质莜麦生产基地。

玉米，是山西近年以来扩种最快的农作物，占全省粮食作物总面积的第二位，分布比较广泛。总体上看，东部大于西部，南部大于北部。晋东南是种植玉米最多的地区，临汾和运城地区也是玉米的重要产地。

割莜麦（右玉县）

玉米

太原晋祠东部是全省最大的水稻生产基地，宋代范仲淹的诗句“千家溉禾苗，满目江乡田”、清代许荣的楹联“晋水源流汾水曲，荷花世界稻花香”，都是描绘晋祠稻田生产的盛大景象。晋祠大米颗粒饱满，色泽晶莹，性软而韧，吃起来清香爽口，连蒸数次，仍然粒粒分明，素有“七蒸不烂”之说。因此，人们把晋祠大米与天津小站大米一起列为华北名产，晋祠由此而享有“北国江南”之美誉。

“金珠子，金珠王，金珠不换沁州黄”，这是流传在晋东南一带的民谚。晋东南地区的沁县古为沁州，“沁州黄”是这里

晋祠水稻

出产的一种小米，颗粒小，金黄色，被当地人称为“金珠子”。它是谷子家族中最特殊的品种，用真正的金珠子都不肯换，可见其珍贵。该米品质优良，独具特色，食之甜香松软，非常可口，由于营养价值很高，被誉为“小米之王”，是我国四大名米之一。“沁州黄”得益于独特的气候、土质。沁县地处太行山深处，古语云“万峰环列，气候早寒”，正是由于这特殊的地理位置和气候条件，特别适宜谷子的生长发育，因此，“沁州黄”才谷香味浓，而且植物脂肪、可溶性糖类、粗纤维、蛋白质含量也均高于普通小米。

高粱，是被群众誉为“铁秆庄稼”的高产作物，在我国粮食作物中占有重要地位。过去有的学者认为我国的高粱是从非洲引进来的，其实不然。1931 年在山西万荣荆村新石器晚期遗址中，发现过炭化高粱，证明中国是最早种植高粱的国家之一。山西是高粱主要产区之一，忻州盆地的忻府区、定襄、原平、代县一带又是全省高粱的集中产区，被誉为“高粱之乡”。忻州高粱的特点是粒大、颗匀、皮薄、口感好、着壳率低、营养价值高。

棉花，主要集中在晋南的运城和临汾地区，其次是太原盆地、长治盆地。棉花的品种，1949 年前晋南主要种植“笨花”

忻州高粱

和“洋花”。“笨花”也叫“硬花”，秆高、叶小、果节长、棉桃小，花绒纤维粗短而硬，色泽不好，产量低。“洋花”是从美国引进推广的斯字棉品种，因栽培技术不过关，品种混杂，严重退化。近年，优良品种不断涌现，使棉花产量大幅增长，在经济作物中名列前茅。

胡麻，又称油用亚麻，在山西省的西部和北部广泛种植，是全省种植面积最大、晋西北人民食用量最大的油料作物。其生长期短，对土地、水、肥等条件要求低，耐旱、耐寒、省工、好管理。农谚说“立夏撒胡麻，九股八圪叉”，胡麻种在立夏，收在处暑，生长期只有90天左右。种胡麻成本低，收益高，而且从种到收，只需在夏季拔拔草，甚至可不拔，再不用其他方面的管理，省工省事，省种子、省肥料、省地（多在贫瘠土地上种植），收益却很高。当地人常说：“装满油罐罐，不愁钱串串。”

花生，主要分布在山西中南部沿河沙土地区，尤以运城地区最多。芝麻，主要分布在晋东南地区，种植面积不大。蓖麻，在山西分布面积仅次于胡麻，以中南部东、西山区，特别是晋东南种植最多。向日葵，主要分布在雁北和忻州地区。油菜，也是山西的主要油料作物之一，从忻州盆地向南都普遍种植。

甜菜，是糖料作物，主要集中在大同地区。这里气候干

棉花

胡麻

花生

旱，雨量较少，日照充足。在甜菜生长旺季，昼夜温差大，利于甜菜根块生长和糖分积累。这里的甜菜含糖量高，品质好。

烟叶，在山西栽植历史较长，主要产地在临汾盆地的曲沃、翼城、襄汾一带，其中曲沃县种植面积最大。

农业工具

俗话说“把式，把式，全凭家什”“三分手艺，七分工具”“手提不如担挑，担挑不如车拉”，可见生产工具的重要性。农村使用的传统生产工具主要有铁锹、镢、犁、耙、耱、石磙、铁耙、耧、镰刀、锄、碌碡、连枷、木锨、簸箕、杈子、扇车、风车、铡刀、筛子、石碾、石磨、扁担、平车、大车、独轮车等。

耕地、翻地工具

铁锹，用于挖地、翻地、开沟、铲土的农具。长柄多为木质，头是铁的。常用的铁锹有尖头铁锹、方头铁锹。

犁，是耕地的主要农具，由犁铧、犁壁、犁侧板、犁托、犁柱等构成。犁铧，位于犁的下端，略呈三角形，主要功能是切土起垡。犁镜，俗称“翻土板”，在犁铧上方，表面光滑，主要功用是翻土和碎土。还有犁辕、犁梢、犁底、犁箭等，过去均为木质，因而俗称“木犁”。改进后的犁，木质构件减少了，较为轻巧，被称为“新式犁”。犁的安装非常关键，俗话

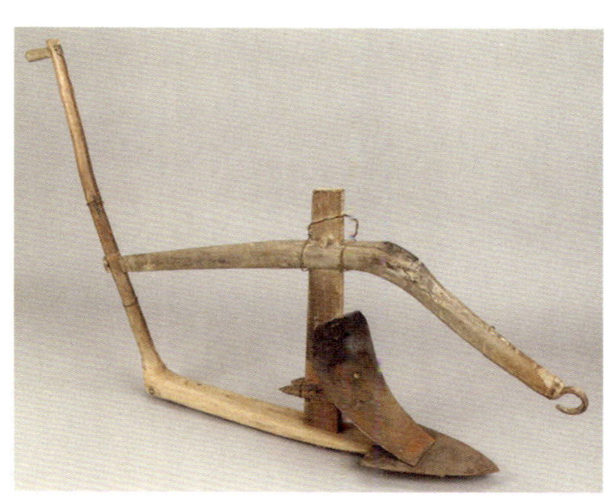

犁

说“一分犁，三分安”“犁底三分弯，不扶自己钻”，反之“铧要摆头，累死老牛”。拉犁的畜力一般为牛或骡，牲套、缰绳、鞭子都有讲究，“七尺套，八尺鞭，二丈二的撇绳不用添”。有一张得心应手的犁，省时省力，人和牛皆不吃苦，“家有千顷地，全凭一张犁”。

平整土地工具

耙，俗称“铁耙子”，木质长方形框架，在横梁着地的一面安装成排的铁齿，人站在耙面上，或在上面压几块大石头，驱牛拉动，可将土块划碎，使地面平整。耙齿的长短可以调节，根据季节有所不同，俗话说“春三夏四秋五指”。另外，在犁地时，牲口套绳宜长；耙地时，套绳宜短，因而有“长犁短耙”之说。

耙

耱，长方形，用荆条编成，功用和使用方法与耙差不多，通常耙过以后再用耱过一遍，使土地更加平整。

石磙，用大石打制，圆柱形，两边安轴装于木架之内，类似碾子的碾磙，细而长，用牲口拉动，作用是轧地保墒。除石磙外，还有木磙。山西麦区常于冬季用石磙轧麦，轧后上松下实，有利于提墒保墒和防寒。轧麦时间一般在晴天中午以后，不能在早晨霜冻时轧，避免伤苗。

铁耙，俗称“耙儿”。一端有铁齿，安有长柄，用于平整小块土地，聚拢和疏散柴草，积肥送肥。

铁刮，俗称“刮子”，铁质，安有长柄，用于刮土，修堰修埂。

播种工具

耧，俗称“耧儿”，是播种用的农具，由耧斗、籽粒槽、耧腿、耧铧等部件组成。耧操作时用牲口牵引，边进边摇，种子通过耧斗、耧腿落入耧铧犁开的浅沟里，将开沟与下种合而为一，多用于播种小麦、谷子、高粱等。耧多为两条腿，但在平陆县，耧有三条腿，俗称“三脚耧”。该县发掘的汉墓壁画中就画着三脚耧播种的图像。摇耧播种，技术要求严格，讲究“进地紧三摇，出地慢三摇”“上坡慢摇，下坡快摇”“马摇快，牛摇慢”，稀稠适度，垄直行平，“脚踏胡墼（土块）手摇耧，两眼看稀稠”。

石轱辘，也叫“磙子”，石质，类似两个直径一尺许的石鼓，中间穿孔成轮，用横木相连，宽与耧腿距离相等。用小毛驴牵拉，前面摇耧播种，后面用石轱辘轧沟，使种子与土壤密

耧

切接触，利于种子的吸水、扎根和发芽。播种时节，布谷鸟在树枝间“咕咕——种谷”地鸣叫，男子在前面“脚踢坷垃（土块）口喊牛，眼看籽眼手甩耧”，妇女或儿童手拉石轱辘在后面滚轧，吱吱作响，构成一幅祥和融洽、全家闹春耕的景象。

中耕工具

大锄，由三部分组成，即锄片、锄钩、锄柄。锄片宽三四寸，刃部锋利；锄钩形如弯曲的鹰嘴，因而俗称“锄鹰嘴”；锄柄木质，长约四尺，讲究光滑应手。大锄是大秋作物定苗、除草的主要工具。锄地时，顺手将坷垃打碎，将土壅到庄稼根部。勤锄可以防旱，因此说“锄头自带三分雨”“一道锄头一道粪，三道锄头土变金”“锄地锄透，肥水不漏”。

小锄，又称“手锄”。形似大锄而体小，锄片二三寸，锄钩尾部安有二三寸长的锄柄，可以蹲着锄地，主要用它间谷苗、间蔬菜等，用起来灵巧方便。

爪爪，铁质，类似铁耙，只有二齿或三齿，播种后如遇雨，地皮会板结，用它将地皮抓破，可帮助出苗。

收割及脱粒工具

镰刀，俗称“镰儿”，有大镰、小镰，长把镰、短把镰之分。短把镰适宜割草砍豆，也称“笨镰”。长把镰背坚刃快，适宜收割小麦、玉米、高粱等。镰刀是主要的收割工具，几乎人手一把，“立秋三日手拿镰”“秋收无老少，一人一镰刀”。

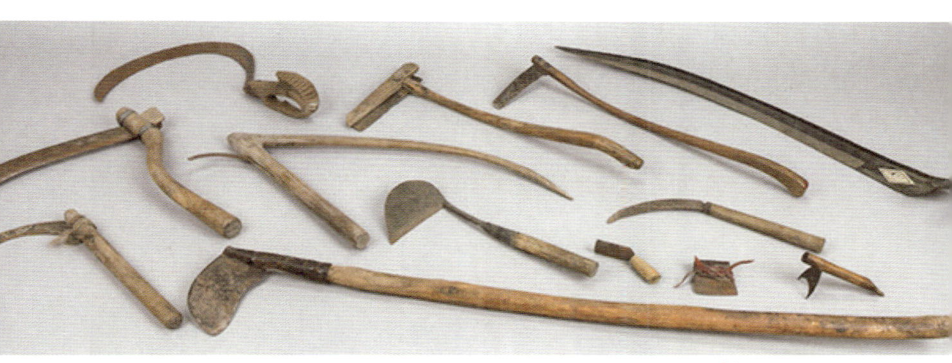

镰刀

石碾，是劳动人民在几千年的农业生产过程中逐步发展和完善的一种重要生产工具，至今在许多农村地区仍有使用。它是一种用石头和木材等制作的，使谷物等破碎或去皮用的工具。

石碾分上下两部分，上面的叫碾砣，下面的叫碾盘。碾盘和碾砣的接触面上，錾有排列整齐的中间深两边浅的碾齿，碾砣上也錾有排列整齐的一边深一边浅的碾齿，用以磨碎粮食。碾砣被固定在碾框上（碾齿深的那头在中间），碾框是用硬木（一般是枣木）做成的架子，呈四边形。碾砣两头的中央有两个向里凹的小圆坑，里面固定着一个小铁碗儿，叫碾脐；在碾框的对应位置固定着两个圆形铁棒，与碾脐相对，凹凸相合，能自由转动。碾框的一端，中间有一孔，套在碾管芯上，而碾管芯是固定在碾盘正中央的一根金属圆柱上。碾框上一般还凿

石碾

有两个碾棍孔。

这一切组合就绪，再安上碾棍，这盘石碾就可以使用了。碾棍是两根一米左右的木棍，分别插在两个碾棍孔里，呈对角线分布。当逆时针推动碾棍时，碾砣转动起来，石碾就开始工作了。使用一段时间后，碾齿被磨平了，需请石匠重新錾出碾齿来，赋予这种石质工具以新的生命活力。

连枷，由木柄、摆轴、枷片组成，操作时握柄上下绕动，使枷片绕短轴旋转，敲击铺在地上的植株穗荚，用以脱粒，俗称“打连枷”。人数多时，分列两排，有进有退，喊着号子“一二三呀……”，场面十分热烈。

扇车，由车架、外壳、风扇、喂入斗、调节门等构成，用于清除谷物中的穗壳、灰糠及瘪粒。扇车有大小之分，大扇车操作时，一人摇动摇把，使风轮转动排风；一人站在风车之上用簸箕摆撒谷物，干净饱满的粮食顺舌板溜下，穗壳等被吹往远处；另一人在风车前用木锨、扫帚等将杂物和粮食分开。小扇车由两人即可操作。小扇车还可用于扇米，将谷糠与小米分开。

运送工具

大车，主要是运送庄稼、粪肥。由车身、车轮、车辕构成。从前大车是木轮铁瓦，用牛、马拉车，称牛车、马车。大路上被轧出深深的车辙，因此俗话说“水走渠，车走辙”。后来胶轮逐渐代替了木轮，俗称“胶轮轱辘车”。

扇车

平车，比大车体积小，运送简便。

独轮车，车身用硬木（如槐木、枣木）制作，车把和车盘连在一起，车盘下安装一只车轮，过去为木轮，后改为胶轮（似自行车车轮），两车把之间拴挂“车襻”，驾车时，将车襻挂于肩上，两手持把，用力推向前行，可运送庄稼、粪肥。

此外，农业生产工具还有箩头、推板、五爪爪、洋镐、篓、筐、篮、扫帚、升、斗、口袋，等等。

独轮车

农业耕作

山西地形复杂，有平川、山地，气候差异大，晋南温暖，晋北寒冷，耕作方法有所不同，而通行的方法，叫作“深耕细作”。俗话说“万物土中生”。山西人民世世代代生活在覆盖着深厚黄土的黄土高原上，懂得“人靠地养，地靠人养”，只有精心耕作，才能换取农作物的丰收。精耕细作，春夏秋冬，不同的季节，要求各有不同。

春耕、春种

春耕一般分为春浇、送粪施肥、犁地耙地等过程。地未解冻前，普遍春浇一次，然后送肥撒肥，叫作“底肥”“基肥”，“有钱难买安窝粪”“种地不上粪，等于瞎胡混”。惊蛰前后，就开始春耕，俗语说“惊蛰不藏牛”“惊蛰无硬地”。春耕要深，“深耕赛上粪”，并且要耙耱平整，“光犁不耙，枉把力下”“三犁九耙，旱涝不怕”“犁得深，耙得烂，一年收成顶年半”。山区梯田坡地，要把地埂修好，“地无唇（指地埂），饿死人”“补一个壑壑，吃一个馍馍”“种地莫懒，地皮要砌坎”。犁深耙平后，根据气候变化和土壤墒情，适时播种。

常言说“早种三分收，晚种三分丢”“误种三月土，白受一年苦”。因为山西无霜期短，因此农民群众总结出了“宁挨春冻，不挨秋霜”的“春早种，秋早熟”的经验。另一条经验就是要抢墒下种，“有墒不等时，没墒不等雨”“有墒抢种，没墒点种”。

山西十年九旱，特别是春旱偏多，水利设施不好的地区，常常担水点种，即用锄头将土刨成窝，舀一瓢水，将两三粒种子放入窝中，埋好土，轻轻拍一拍。播种的方法，谷子、高粱、棉花等用耧种；玉米、豆类等一般是点种；马铃薯则是块种，即按马铃薯上的凹纹（俗称芽眼）切成块，开沟点种；水稻，要育秧插种；红薯则要用火炕育苗，然后挖坑栽种。

耙地

至于各种作物的种植时间，总的原则是“适时下种，不违农时”“早种强过晚上粪”“早种早收”，但因各地气候及墒情不同，因而同一种作物，播种有前有后，时间不一。晋南地区是“清明前后，种瓜点豆”，太原地区则是“谷雨前后，安瓜点豆”。各地都总结出当地的种植时机，或按节气，或按物候，比如：“榆钱黄，种谷忙”（长子县、壶关县），“桃花开，宜种豆；梨花落，宜种谷”（榆社县），“杨柳放花，地里种瓜”（临县），“到了立夏乱种田”（太原）。

苗出齐后，要及早定苗，俗称“间苗”，基本原则是：“间小留大，间密留稀，间弱留强，间多补空”“间苗如上粪”“早间苗，密留苗；迟间苗，不挤苗”“夏至不开苗，必定抱了瓢”。并且要合理密植，稠稀适度，考虑各种条件，如水、粪、川、坡等。“密了不误地，一季顶几季”“稠的庄稼打三石，稀的庄稼收一半”“稀稀朗朗，三石以上；挤挤密密，一石六七”，这些谚语，看似相反，实际上都是说的要合理密植，因地制宜。

夏管、夏收、夏种

夏管、夏收、夏种，俗称“三夏”。大忙季节，特别是麦熟收割时，农活交叉，十分忙乱辛苦。

夏管主要指田间管理，包括中耕、留苗、间苗、浇水、施肥、除草、除虫等，其中最重要的是中耕，俗称“锄地”。锄地可以疏松表土，切断土壤毛细管，使土地多接纳雨水，保蓄土壤水分。土壤湿度大时，锄地又能散表墒蓄底墒和提高地温。锄地还可以消灭杂草，减少病虫害。因此农谚有“庄稼出在锄头上”“锄头板上带水火”“锄头底下看年成，锄头口里出黄金”。一般情况下，庄稼都要锄够三遍，俗称“头遍深，二遍浅，三遍刮刮脸”，具体时间和次数，应根据气候、土壤、作物种类及生长状况而定，总的原则是经常保持“地净土松”。在锄第二遍或第三遍时，要同时培土，俗称“壅土”，将作物行间土壅到根旁，具有固定植株、防止倒伏、扩大根系范围、增加水分和养分、提高地温、掩埋杂草等作用，因而民间有“头道浅，二道深，三道把土壅到根”“一浅二深三上堆”的锄田谚语。与大秋作物相比，棉花的田间管理较为复杂，除了间苗、除草、打药外，还要打杈、打油条，即将多余的芽枝掐掉，伏天时再掐去花顶，正如农谚所说“棉花不打杈，光长柴禾架”“二伏花摘顶，立秋一齐揪”。

夏收主要是收小麦、杂粮和部分蔬菜。小麦是山西的主要农作物之一，夏至前后，小麦由南向北逐渐成熟，开镰收割。收割期正是多雨的夏季，最怕刮风和下雨，“麦收两怕，刮风天下（雨），若要不怕，紧握镰把”，因此又有“抢收”“龙口夺食”之说。等把麦子割完，便开始碾场。过去用牲口拉碌碡碾麦，起场后，用扇车扇麦或人工扬麦子。碾场时不许女人坐杈把、扫帚、口袋等物，说妇女不干净，这也是对封建社会男尊女卑的反映。还有麦子不拉完，羊群不许进田的风俗。碾麦后，积秸、晒麦、祭场神，均请邻里帮忙。

晋南有句俗话："六月六，走麦罢。"走麦罢，是山西晋南特有的风俗习惯。新女婿在麦收结束后，带着丰收后的喜悦心情，用新麦磨成的面蒸成一个大月形的角子馍去看丈母娘，包含有祝福岳父岳母家幸福安康、丰收的寓意。丈母娘招待女婿则要做七八样菜，主食一般是烙饼、凉面、凉粉或蒸馍，临走前还要吃"烙旋"，即一种烤制的面饼。关于"六月六，走麦罢"的起源，民间传说春秋战国时，晋卿狐偃是晋文公的舅父而自恃高贵，刚愎自用，气死了亲家赵衰。赵衰是跟随晋文公多年的功臣，有"以德让贤"的美名，人虽已安葬，可他的儿子即狐偃的女婿，一直难平心中怨愤，想替父亲出这口气。恰巧这一年晋国遭灾，狐偃出去放粮，说定六月六这一天回家过寿，他的女婿就决定乘祝寿之际，刺杀丈人，为父报仇。细心的女儿探知此事后，连忙赶回娘家报了信。狐偃放粮期间，目睹了民间疾苦，后悔自己以前没有听取亲家的忠告，内心受到谴责。他得知女婿要刺杀自己的消息后，不但没有责怪，还主动给女婿赔了罪，和解了双方之间的矛盾。以后每年六月六，他都把女儿和女婿接回家来，合家团聚。这事传到民间，百姓争相仿效，逐渐形成了"走麦罢"的习俗。

夏收结束，紧接着就是夏种了。麦收后立即复播，或小绿豆，或谷子，或玉米，叫“抢种”。因此，把麦收季节又称作“双抢”（抢收抢种）。山西夏种多是谷子、豆类、土豆和胡麻，中南部一年两熟或两年三熟地区还种晚熟玉米、红薯、黍子。种地的程序和春播相同，南部地势平坦，农业机械化发达，往往收种联合，收割机在前面收割，旋耕机、播种机紧跟其后，连收带种一次结束，高效快捷。

秋收、秋播、秋耕

三伏不尽秋来到，立秋一过，秋天便来了。秋天是收获的季节，秋收又分大秋收和小秋收。大秋收一般指春季下种的大秋收作物，如谷子、玉米、高粱、大豆等。而小秋收则指上述大秋作物以外的绿豆、小豆、花生、山药蛋、黍等小杂粮。这段时间，不仅要收，而且要种。在民间，这段忙碌的日子，又被称为“抢秋”，所以有“三春不如一秋”的谚语。

秋收最大的工作量是收谷子、高粱和玉米。

收谷子：先用镰刀将谷子割倒，然后运到打谷场里，将谷穗切下，在打谷场里摊开晾晒。打谷子和打小麦一样，也是由牲畜牵引，拉着石碌碡在场里转圈碾轧脱粒，然后扬场，晒干，入囤。最后将谷草捆好保存，谷草是牲口的饲料。

收高粱：高粱的收打基本上和谷子一样，也要切穗，上场碾轧，不再赘述。

收玉米：收玉米和收谷子、高粱不同，晋城地区多数是先

收谷子（右玉县）

用镰刀将玉米秸秆割倒，随后将玉米棒子掰下，运回家里。也有先掰下玉米棒子，后砍玉米秸秆的，玉米秸秆要捆好运回，做牛、羊等牲口的饲料或肥料。

山西秋播主要是中南部一年两熟或两年三熟地区冬小麦的播种。耙地后根据各地天气、时令及时播种即可。山西土壤比较干旱，小麦播种后，还要用石碌碡碾轧保墒，俗称“打碌碡”。

秋耕是指把秋收后的土地通过犁地、耙地等改善耕层的理化、生物状况，保蓄雨水，提高肥力，清除杂草和减少病虫发生。所谓“秋耕深又早，铲尽续根草”“秋耕加一寸，顶上一茬粪”“秋天翻好地，春天好逮苗”“秋天耕地如浇水”“一户不秋耕，万户遭虫殃”“一年不秋耕，两年不打粮”。有条件的农户在犁地的同时，施入农家肥、化肥及防治地下害虫的药剂。小麦、谷子、豆类、薯类、萝卜等收割后可以直接犁地，玉米收割后还要用锄头把玉米秸秆的茬一一刨起，移出地外后才能犁地。

冬藏、冬耕

秋收冬藏，冬天，最重要的事情就是储藏粮食。民间习惯的储粮方法主要有以下几种：一是窖藏。在地下挖一个深窖，用砖垒砌，再把小麦、谷子装进瓮里放入地窖，然后封口埋土。这种习惯今天已不多见。另外，红薯也必须窖藏，晋南的红薯窖最深可达十余丈，窖底开窑，把红薯摆进去，窖口封盖，留下通风口，以调节温度，温度不适宜就容易腐烂。晋北一带把红薯装木箱室内保存。二是瓮藏。把粮食放在大瓮中保存，不易受潮。三是池藏。用水泥砌成一个大池，放入粮食，上面覆盖，可防老鼠损害。

玉米储存最常见也是最有趣的一种形式，是把玉米棒连叶辫起，然后盘绕在屋前的大树上或竖起的木杆上，远远望去，金光灿灿，好不壮观！另外，还有一种习惯，就是用苇席围一个大圆圈，中间倒入麦子、玉米，俗称“麦囤”“粮囤”。

每年秋收后，农民们都要进行秋耕、秋翻，直至地冻，“地

储存玉米

不冻，犁不停”“秋天划破皮，赛过春天犁三犁”。秋耕、冬耕时还要耙耱平整，利于保墒，“秋煞（耕）不带耙，不如不秋煞”“立秋不带耱，不如家中坐”。在秋耕、冬耕的同时，大搞农田基本建设，即平整土地，修造梯田、通挖水渠。最著名的是昔阳县大寨村，用石头垒堰，起高垫低，从下至上，一层一层修造梯田。这种梯田土厚、耐旱，可以稳产高产，因而群众有“买一亩不如修一亩”之说。修筑水渠、塘坝、水池，打井掏井，是农田建设的另一项大工程，必须集中行动，统一协调。“修渠如修仓，存水如存粮”“一秋一冬，挑塘打埂”。20世纪 50 年代以来，山西修建了许多水库，千方百计扩大浇灌面积，“水库是个宝，抗旱又抗涝”。深秋初冬时，农田普遍要冬浇一次，“秋水底，冬水盖，不怕来年日头晒”，使土地充分涵养，迎接来年的春耕、春播。

生态文明建设的重要内容：林业生产

古代的山西，森林密布，《诗经》《水经注》等典籍中对古山西的林木描写有：“陟彼景山，松柏丸丸”“翠柏荫峰，清泉灌顶”“水上杂树交荫，云垂烟接”“古柏苍槐，树木荫翳”。今天，山西的树木种类依然繁多，常见的有松树、杉树、杨树、柳树、榆树、楸树、桐树、槐树、椿树、桑树、桦树、栎树，以及经济林木如苹果树、梨树、枣树、核桃树、柿子树、桃树、山楂树、沙棘等。天然次森林主要分布在管涔山、五台山、关帝山、黑茶山、太行山、太岳山、吕梁山、中条山。

树木种类

植树造林与人们对环境与自然的认识关系密切。在过去的很长时间里，人们或以种粮为由，或以生活不便等原因，广伐林木，致使植被破坏严重，生存环境严重恶化。后来，人们开始意识到植树造林对人类自身生存的重要性。于是，在房前屋后，河边路旁，凡是适宜树木生长的地方都逐渐地栽种了各种树木。

在植树造林的过程中，人们根据自然条件、环境需要及个人喜好选择栽培不同的树种，并形成各地不同的种植习惯。山西人喜爱种植的树木有枣树、柿子树、桑树、核桃树、梨树、苹果树、葡萄树、花椒树、泡桐树、杨树和柳树等。

“桃三杏四梨五年，枣树当年就还钱”，这句民谚说明栽种枣树可以给人们带来相当的经济效益，因而极受人们重视。山西许多地方都喜爱种植枣树，交城喜欢种植骏枣树，柳林喜欢种植木枣树，太谷喜欢种植葫芦枣树。

每到枣子红了的季节，家家动手，上房、上树摘枣、打枣，十分忙碌。在晋中、太原一带，这时节，几乎村村都在打枣，户户房上有人，一般是先把庭院中的枣树收尽，才到村外

枣树

去收打。

打枣时节，甚是热闹。房上、树下，大人、儿童，连篮带盆，一齐上阵。打枣的与捡枣的，分工明确，各负其责。打枣人或站在房上，或站在树上，用长竿击打，使枣子落地。这时的枣子，大都呈红透又饱满的状态。乡间风俗，打枣期间，大人孩子随便到哪家院外捡取失落的枣子吃几颗，都无人责备。这时，家家户户的箩筐里，几乎都堆满了枣子。农家常常要将脆枣、软枣、好枣、劣枣进行分类，然后分别收储、晾晒、保存。

晋东南和晋南地区，村郊种植柿子树较多，闻喜和万荣的

柿子树

柿子树较为有名，闻喜传统的八景之一就是“北垣秋柿”。永济喜欢种植青柿树，平陆则喜欢种植水化柿树，并成为该柿种的主要生产基地。

“春栽杨柳夏栽桑，正月种松好时光。”在山西晋东南一带，还盛行着种桑养蚕的风俗。明朝时，泽州的阳城、沁水、高平、晋城等地的蚕桑业已有了相当的规模。明代正德年间，沁水人常伦写过一首《沁水道中》：“处处人家蚕事忙，盈盈秦女把新桑，黄金未遂秋卿意，骏马骄嘶官道旁。”这幅农桑图形象而生动地反映了当时沁水流域种桑养蚕的盛况。潞州，即今天长治一带，在明代初年种桑树八九万株。清朝初年，襄垣一县种桑四万株。如今的阳城县蟒河镇就有一个桑林村，路旁尽植桑树。阳城县植桑，积累了丰富的经验，“春扦插、夏疏芽，秋保芽、冬修剪，治虫不断线”，就是当地的管桑技术经验之谈。

同川梨

吕梁山东麓和太行山、太岳山等丘陵地带爱种植核桃树，尤以汾阳、孝义、寿阳等地的优良品种驰名国内外。

在原平境内东侧同川河两岸的上庄、东社和南白乡生产的同川梨，使当地成为著名的梨乡。当地梨树遍布，主要品种有黄梨、夏梨、油梨。在南白乡的北塔寺，每年农历四月初六还有梨花盛会。梨树种植，雨季不中耕，能保持水土，是经验之谈。因而当地民谚有“旱年出好梨”之说。

吉县地处吕梁山南端，属黄土高原残垣沟壑区，森林覆盖率 45%。境内温差大、海拔高、光照足。独特的生态条件，使吉县成为全国苹果最佳优生区。吉县苹果果形端正高桩、果面光洁细腻、着色鲜艳浓红、口感香脆甜爽，品质上乘。

吉县苹果

平顺是全国最早栽培花椒的地区。据有关资料记载，早在唐代，花椒树就在这里安了家。平顺土性适宜，气候温和，无霜期较短，适合花椒生长，全县 15 个乡镇盛产花椒，约占全省花椒总产量的三分之一以上，其中又以浊漳河、虹霓河两岸及中五井乡一带为主产区。该县花椒品种很多，有大红椒、大绿椒、小红椒、狗椒、白沙椒等。大红椒最好，优点是产量大、耐寒、味香、出油率高，有“十里香”之美誉，畅销全国，远销欧美、东南亚许多国家。总的来说，平顺花椒皮厚，颜色纯正，香味扑鼻，是一种上等食用调料。

清徐，是中外闻名的葡萄产地。清徐历史上产葡萄就很出名。唐代山西籍诗人王翰，就在《凉州曲》中写道“葡萄美酒

清徐葡萄

夜光杯，欲饮琵琶马上催”，赞誉了清徐葡萄及酿成的葡萄酒。在《马可·波罗游记》中，也有对清徐葡萄及葡萄酒的记载。清徐葡萄的著名品种有龙眼、黑鸡心、玫瑰、屏儿等二十多个。如今，清徐的许多村庄，大都采用插条、压条的方法，扩大了葡萄园的种植面积。

晋南闻喜一带喜好种植泡桐树，当地流传着谚语：“栽桐树，喂母猪，三年过个大财主”，种植泡桐已成风气。夏县以种植杨树闻名全国，县内除耕地以外几乎到处种植杨树。

山西流传有许多植树的民谚，如“沿河树连树，河堤分外固”“荒山造了林，拔了灾害根”“沙滩造了林，沙窝变成金”“一棵松树一把伞，一棵柳树一眼泉”“山川栽满树，等于修水库”等，都是说种树造林的重要性。有些民谚讲植树的季节性，如“植树造林，莫过清明”。还有些民谚是讲种树规律的，如“养猪是抓母，植树先抓圃”“沙土枣树黄土柳，百棵能活九十九”等。

植树方法及管理

树木栽植的季节一般为早春和晚秋，此时树木地上部分处于休眠期，容易成活。栽种方法大体相同，就是采籽、育苗，然后挖坑、放苗、浇水、埋土。山坡植树时，为保水保肥，习惯挖鱼鳞坑。

杨树

俗话说“十年树木，百年树人”。树木生长周期较长，在自然生长过程中，必须进行管理养护，措施主要是浇水、施肥、修剪和喷药防止病虫害，果园和成片树林还要除草整地。树干、树枝上会萌发许多嫩枝、嫩芽，使树木生长不能挺直或树冠生长不匀称，不但消耗大量养料，而且树形也会受到影响。修剪生长部位不得当的枝条，能够使树冠均衡地吸收日光和空气，减少病害和虫害，促使树木生长旺盛。果木修剪还能保证果实质量。

砍伐和加工

砍伐树木，一般用大锯或斧头等工具，先用绳子绑在树身一定高度上，另一头固定，确定砍伐后树木倾倒的方向，然后进行锯或砍。有条件的地方，也用电锯。

山西树木加工使用主要有几大方面：一是房屋建筑。旧时房屋用木料较多，除寺观庙堂外，平原地区普通百姓的房屋也多是木构瓦房，房屋的梁、檩、椽、门、窗、柱都是木质，多用松木，杨木次之。二是生活用品。家用的箱、柜、几案、桌椅板凳、升、斗和面案、擀面杖都是木质，松木、桐木、梨木居多。三是生产工具。主要是农具，犁、耧、锹把、锄把、木桶等，槐木、柳木居多。四是交通工具。车、轿等，榆木居多。此外，还用作棺材、烧木炭、工艺品等。无煤农村还使用修剪下来的枝条烧火取暖、做饭。

农林业生产中的信仰和禁忌

山西的农业生产，是山西人民特别是农民大众利用天时、地利、生物等条件来谋求衣食来源的一种经济活动。尽管在世世代代的生产实践中，发展和形成了以“粪多力勤”为核心的精耕细作技艺，但它仍然受到土壤、气候、水利、动植物资源等自然条件的制约。有些人力不可抗拒的力量，如旱灾、风灾、虫灾等，在很大程度上影响了农业生产和农民生活。因此，“靠天吃饭”的思想根深蒂固。要想五谷丰收，丰衣足食，除了自身辛苦劳作外，还得依赖气候好、土地好，风调雨顺，无虫无灾，这就产生了许多农事信仰和禁忌。

山西境内山峦重叠，林木郁密，有多处森林资源，如宁武县的管涔山森林区，交城、方山县的关帝山森林区，沁水、垣曲县的历山森林区，阳城县的蟒河林区以及灵空山、五台山、恒山、中条山、石膏山、五老蜂等小林区，这些森林资源与山西人民的生活密切相关，对自然环境和气候条件有重大影响，由此产生了种种信仰和禁忌。

农业信仰和禁忌

山西是农业生产出现很早的区域，有悠久的农业文明和与之密切相关的农业信仰，包括对天地爷、土地爷、龙王爷、商汤、谷神、后稷的信仰等。在农业生产中还产生了不少禁忌。

天地爷信仰

山西农民过去缺少科学知识，认为人世间的一切，特别是自然气象，都是由老天爷掌握，因此家家户户都供奉天帝尊神，俗称“天地爷”。在晋中一带，天地爷供奉于正房（北房）房檐的墙壁处，讲究的人家修一个神龛，内放一个木质天地牌位，上写“供奉天地三界十方万灵之位”。一般人家用黄表纸折叠一牌位，或贴一张天地爷神像，天地爷两边的对联为：“天上四时春作首，人间五福寿为先。”横联多为“风调雨顺”。每年春节和其他大节都要祭祀焚香，祈求一年风调雨顺，国泰民安，五谷丰登。平常生活中人们常说“种在人，吃在天”，意思是丰收除了靠人还得靠天。把一些较大的自然灾害如大旱、虫灾、大风、冰雹等叫作“天灾”，可见对天地爷的信仰和敬畏。

土地爷信仰

土地的原型为“后土”，祭祀土地神即为“社”，古代讲的“江山社稷”中就包含土地之神。土地是农业的基础，农业的命根子，因此人们对土地产生了崇拜，把土地爷当作供养的对象。在全省各地，每个村子都建有土地庙，供养土地爷，每年都有一定的日子去朝拜，并流传着土地爷为人守土地和做好事的故事。每家每户都有土地神位，一般设在院内正房墙壁上，门和左边窗户之间。把墙壁挖进去造一个龛，外边用砖雕成殿堂状，里面用木头做成神位，上面写"四方土地之神位"。过春节时，神龛左右贴上对联："地是黄金板，土能生万物。"大年初一，首先要朝拜土地爷，院里摆上供桌，上面摆好猪头等供物，三叩首，祈求恩赐土地，希望在新的一年能多打些粮食。

龙王爷信仰

山西山多水少，十年九旱。农民认为天上的龙王握有行云布雨的权力，要想赐雨人间，甘霖大地，就得向龙王爷祈祷求雨，因此龙王庙遍布各地。民间不仅信仰龙王布雨，还认为其他神灵如玉皇、雷公、雨师、风伯，以至地方神如关公、麻叶仙姑、土地公公、山神爷爷，等等，都有降雨职责。求雨习俗一般在农历五六月份，正是庄稼最需要雨水的季节。求雨的方式有：跪庙求雨，由里社纠首组织，杀猪宰羊，祭祀神灵，全村众人轮流跪拜，直至下雨方停。唱戏求雨，每逢天旱，组织当地民众集资唱戏。戏台对联为"诸神保佑众生，雨神降雨纳福"。人们认为神灵高兴了，就会下雨，有些地方是在下雨以后唱戏，叫“演戏谢雨”。选人求雨，在晋中一带，有的是挑选七个年轻少女求雨，有的是挑选七个守寡老太太求雨，有的是挑选七个德行好的男子（俗称“善人”）求雨。抬神求雨，将龙王爷或其他神灵的泥塑像从庙中挪到特制的轿子里，众人抬上，敲锣打鼓，巡行村寨，供奉祭奠，祈祷求雨，连续数天，直至下雨后再将龙王爷送回庙中。鞭身求雨，俗称“恶求雨”，在大庭广众之下，用鞭子抽打自身，用锨、刀等刺割自身，皮开肉绽，鲜血淋漓；有的是两臂伸展，绑一条扁担，将铡刀挂钩在胳膊上，血肉模糊，让神灵看后感动不已，怜悯百姓，从而降雨。如果用种种办法还求不来雨，乡民们就会迁怒于神灵，将神像搬倒于地，用绳捆绑，鞭打责罚，强迫神灵降雨。春夏度过，还有秋天一关，“七月十五看旱涝，八月十五定收成”。遇上被称为“卡脖子”的秋旱或秋雨连绵的沥涝，都会成灾减产。到了农历七月十五时，许多庄稼虽已接近成熟，但人们仍提心吊胆，恐出意外，过去在这一天，全省多数县份的农民都于早晨把五色纸拴在自家地里的禾苗上，预祝丰收，俗称“挂谷彩”。

商汤信仰

相传商朝建立之初，天下大旱，百姓不能恢复农业生产，商汤用了各种方法求雨，但一点作用都没有。后来，商汤让当时最古老的巫师卜了个卦，巫师根据卦象，对商汤说：“现在只

商汤雩祭文化
湯帝

有一种方法，但是不能保证一定会成功，那就是以活人祭祀上天，祈求他能够下雨。”听完巫师的话，商汤说：“本来求雨就是为百姓谋福利的，怎么能让百姓牺牲呢，还是让我来为百姓谋福利吧。”于是，商汤来到析城山（在今山西省阳城县）上，将自己当作供品，祭祀上天。祭天结束之后，商汤就坐在早已搭建好的柴堆上。旁边的巫师根据卦象显示的时间，点燃了柴堆，围在旁边的民众，都在大哭，为自己可敬的君王送别。后来，火焰烧到一半的时候，晴空之中突然阴云密布，电闪雷鸣，不一会儿倾盆大雨就哗哗地下起来了，商汤坐着的柴堆也被浇灭了。商汤祈雨终于取得了成功。

康熙年间，阳城西南部次营一带从农历二月到六月大旱，熟知商汤祈雨典故的南次营社的社首，和村里德高望重的老人商议，将村里南神庙中供奉的禹王、尧王、舜王、汤王、祖师爷的塑像都抬出庙外，顶着烈日在大街小巷游行，以示赤诚祈求。不久天上就下了雨，秋天庄稼大丰收，一同受益喜获丰收的还有周边的 11 个村。这 12 个村的社首一起商讨回报神灵的赐雨之恩，议定每年清明之前的农历二月，由 12 个村轮流择吉时举办祈祷五神爷仪式，并搭戏台、赶庙会、唱大戏，用花轿抬着五位神爷走街串巷游神灵、夸神威，然后在本村供奉一年，承上启下，有接有送，周而复始。后来，便形成了每个村 12 年轮一次的“过赛”习俗，代代传承，流传至今。

谷神信仰

对谷神的信仰，集中体现在“添仓节”的民俗活动中。正月二十俗称“小添仓”，预祝夏粮丰收；正月二十五为“老添仓”，预祝秋粮丰收；有的地方是正月二十三为“添仓节”。最普遍的习俗是将黍面蒸熟，捏成灯盏，黑夜里放置于粮仓、粮瓮、面缸上点燃，祈求粮满仓、面满缸，并有“点遍灯，烧遍香，家家粮食填满仓”的谚语。有的用草木灰在地上撒成圆环，代表粮仓粮窖，圆圈内放五谷杂粮，叫“压仓”，在圈内燃放鞭炮，意思是粮仓爆满。岢岚、五寨等地还把灰堆和五谷保存若干天，然后拨开察看，哪种粮食发芽率高，就预兆适宜种哪种作物。

在秋收打谷时，将木锨插在谷堆前部、象征头，将扫帚插在谷堆尾部，象征尾巴，左插杈，右插耙，象征翅膀，然后吃谷子糕。吃之前，主人要将糕盘放在谷堆前，上香跪拜，先掐一点糕抛向空中，说“这是给老天爷的”；再掐一点给谷堆，说“这是给谷神爷吃的”。然后才能装运谷子。孩子们则分抢谷子糕。打谷场上不得空滚碌碡，打好攒成堆的粮食不准估数，尤其不能说“满”和“多”字。曲沃县一带小麦收打完毕，要将麦秸再滚轧一遍，然后把麦秸归成一垛，叫“积秸”。垛中央放一蒸馍，称为“积心”，剪黄色小纸旗插于场内，吃油糕庆祝麦收平安完成。晋南各县小麦归仓后都要走亲戚，互问收成，互赠火烧（面饼）表示祝贺，俗称“看麦罢”。晋北原平一带麦收后，亲家母互相看望，名曰“缀节”。

此外，添仓节还有用灯盏占卜雨水以祈丰年的活动。做法是用黍面捏五盏灯，灯口分别捏出四个角、五个角、六个角、七个角、八个角，分别代表四月、五月、六月、七月、八月，然后上笼蒸，看哪个灯盏内的积水多，就预兆哪个月雨水多。另外，有的地方如乡宁县，三月三日要向小麦祭拜，传说是小麦的生日，盼望这一天天晴气朗，预示麦子丰收。

后稷信仰

相传后稷是由帝喾的元妃姜嫄“履神人足迹”所生。但他出生后，帝喾认为踏神人足迹受孕的孩子必定不祥，于是将他抛弃在狭窄的小路上，想让过路的牛羊把他踩死，可是过路的牛羊都绕着走过去了。后来帝喾又把他丢弃在寒冰上，想冻死他，可是很快从天上飞来两只彩鸟，用翅膀把他保护起来。姜嫄听说后，觉得很神奇，便又命人把他抱回来抚养，因为他几经抛弃，故取名为“弃”。

弃幼时聪明好学，还喜欢做春种秋收的游戏，并悟出了不少种收耕作的道理。长大成人后，他更喜欢种植庄稼，教人们耕田稼穑。当时人们主要靠狩猎和采集为生，经常因为食物不足而忍饥挨饿，因此，四方远近的人都来向他请教，结果农业生产都获得了好的收成。后来帝尧听到他的名声，专门聘他做农师，指导部落的农业耕作。舜帝时又让他当农官，在他的管理和指导下，农业生产有了很大的发展，所以人们尊称他为“后稷”。

传说后稷到稷山传授农耕技术，向东磕了两个头，平地出现了两座山。后世把其中一座定为稷王山，在上面盖起了稷王庙，进行朝拜。后来，为了祭祀方便，又在县城里修建了宏大的稷王庙。每年正月闹红火，首先要抬出稷王像，后面锣鼓喧天，人们排着整齐的队伍，跟着在县城里转悠，活动达到高潮。原来人们每年还要到稷王山朝拜祭祀，恭恭敬敬地站在庙前，一位有身份的人出来主持，宣读祭文，为后稷歌功颂德。现在若风调雨顺，喜获丰收时，人们还陆续上山朝谢后稷，或在收成不好时，上山祈祷后稷恩赐。这一信仰不仅限于稷山县，还流行于晋南诸县。

山西民间在农业上的禁忌不仅数量多，而且有其特色，反映了农民改造自然的愿望而又缺乏自信的困境。

耕作时日禁忌。旧时，农业生产力低下，主要是“靠天吃饭”，顺其自然，一方面要不误农时，另一方面要定期祭祀，以求神灵的护佑。祭祀期间，不得从事农事活动，否则，神灵会以为祭祀者不专心和少虔诚。“禁日”的时间各地不一，且有长有短。春节是祭祀拜神活动最频繁的时期，因而山西许多地方都有禁止生产劳动的惯例。农历正月初一至十五为“过年”，忌耕作，认为耕作冲犯神灵，一年百事不顺。有些地方还敬奉雷神，有闻雷辍耕的习俗。忌雷期间，不能犁田、耕地、播种，如果违犯，会导致雨水不宜，庄稼歉收。忌雷主要是针对每年头次雷声而言。这种忌雷生产民俗形成的原因，可能一是由于敬畏雷神，认为雷声表明天神又开始光顾下界，大地又将生机勃勃，农夫必须若干天禁止耕作，以示迎接雷神的庄重。二是以每年第一次响雷为信息标志，确定春耕春种的起始时间，因为头几次春雷常在正月下旬或二月上中旬，这时尚属早春，寒潮未止，所以忌讳过早翻地下种，以免冻伤春苗。

生产工具禁忌。民间老人们说，扁担神就在扁担中，其神俗称“扁担大人”。扁担不能乱放、乱插，更不允许女人跨过扁担。如有女人跨过扁担，不但扁担的主人要大骂她，连家里人也会齐声训斥她。据说被女人跨过的扁担再去挑，用者的肩上要生毒肩疮，而跨扁担的女人也会生病。民间称谷箩神为箩伯，也有地区称箩伯师。忌两人抬一箩谷入仓，说两人抬一箩谷是减年成之兆，要两箩一担两箩一担地挑着入仓，说是满担进会有好年成。到了大年三十夜，一般农家要在箩边贴上黄纸黑字写的“黄龙占庆”字样，也有人家贴“百无禁忌”，说箩伯在明年会把更多的谷米送入仓，并且无禁忌。粮场上的石磙是绝对不能坐的。民间将石磙奉为“青龙”，坐石磙则为“压青龙头”，必会触犯神灵，对夏收不利。俗谚还有“坐石磙，烂裤裆，少打粮”的说法，“烂裤裆”是对坐石碌者的惩罚，“少打粮”则是对石碌主人的惩罚。

此外，在过去谷子打好后不用女人装，怕把谷子装少了。装谷时不用簸箕而用斗，说簸箕是往出簸的，斗才是往回装的。在收获时，禁止人们说“满”和“多”字。这是由一个传说引起的。相传有位神仙下凡，给一家地主当长工，尽管他每年辛勤劳动，地主还是对他十分苛刻。有一年，他在几十亩地里只种了一苗高粱，地主十分气愤，但他答应一定完成租税。收获时，他把这穗高粱放在风车上一扇，高粱粒就一直往下流，流满了地主的大仓小囤。地主非常惊奇，高喊了一声：“满啦！”高粱粒马上就没了，所以人们很忌讳说“满”字。另外，二月二是龙抬头日，女人禁忌用针，怕把龙王爷的眼睛刺瞎，不能行云布雨，等等。

农事禁忌多出现在生产的农忙阶段，既表明了农民对生产规律的认识和把握，也提醒人们在这些“关键”时期要有良好的劳动态度和精神。

林业习俗和禁忌

人们对山林产生信仰的表现是把山林当作神灵来崇拜。山西许多高山丛林都建有山神庙，如盂县有藏山神祠，榆次区有罕山庙、泰山庙、鹿台山祠；岚县大万山上建有大万山神庙、

白龙山庙；洪洞县娄山上建有娄山神庙；霍州市建有霍山神庙、商山神庙；永济市有首山祠；榆社县紫荆山有顶山神庙，黑山上有黑山神祠；武乡县南山有南山神庙；高平市有凤凰山神庙，境内还有象山祠、鸡头山祠；黎城县岚山有岚山神庙，东南八里还有大乘山神庙；介休市有太岳山祠；孝义市有横山庙、柏山庙；浑源县有北岳庙；广灵县有恒山庙；五寨县有神林祠；代县有北斗山神祠；原平市有埠山神庙；保德县有山神庙，等等。人们但凡进山活动，诸如砍伐、狩猎、采药等，都要去这些祠庙进行祭拜。有一些地方，人们直接向山神庙跪拜求药。有些山神庙，每年在一些固定的时间，就有人前来祭祀。

槐树

桃木剑

除了对山林的崇拜，人们还对某些树木产生信仰。如柏树是人们认为最神秘的树，俗传“百年古柏能成仙”，人们不敢轻易砍伐古柏，甚至将其当成神灵立庙朝拜。如孝义市仇家庄有柏王庙，汾西县板底村有柏神庙。山西不少地区对古槐也同样信仰，把古槐当作神灵来看待，不能随便砍伐，甚至不能随便挪动，否则，认为会给人带来灾祸。在日常生活中，常可以见到当地的古槐上挂满红绿布条纸条，这是人们在向古槐祈求赐药免灾。

人们对桃木也有崇敬之情，常用桃木来镇邪驱鬼。山西一些地方仍流行崇尚桃木的风俗，用桃木制作刻有符号的木牌或令箭，用桃木制成刀剑，用以镇妖驱魔、辟祸消灾。在一些地方，人们也信仰杨树，如代县东四十里有白杨神庙。

柳树

在林业生产中，人们对树木还产生了一些禁忌，如院内忌栽柳树，柳树代表阴气，人们担心古柳成了精怪会给家庭带来不安。而且在办丧事时，招魂幡和哭丧者的孝棍就是用柳木棍做的。柳木常与死人、阴间联系在一起，故深遭人们忌讳。在晋南个别地方，人们不乐意在庭院内栽葡萄树，认为此树一旦枯谢，就预示着家里光景败落。

此外，山西人讲究在不同的地方种植不同的树种。杨树一般习惯种植在路旁地边，形成林荫道。柳树多被栽在水边湖旁。庭院栽树更有讲究，一般多栽桐树、椿树、榆树、楸树和其他果树，晋西北农村庭院中也有种杨树的。农户院内一般不种松树、柏树、柳树、槐树，因为松柏多种植于坟地，柳树象征着阴气，而槐树因含有“鬼”字，认为对活人不吉利。山西许多地方都不在庭院内种植柿子树，因柿音谐“死”，也认为不吉利。曲沃县曾长期流行“沿河插杨柳，坟盘种松柏，院里不种柿，门口栽古槐”的习俗。吕梁地区中阳县则流传着“院里栽棵柳，一年比一年沤（不好）。院里栽棵杨，一年比一年强。院里栽棵枣，一年比一年好”的谣谚。

畜牧业和渔猎业

畜牧业的发展与自然环境是否优越关系密切。山西山地居多，除中部盆地外，东、西部全是山区和丘陵地带，因此草场资源比较丰富。山西人饲养牲畜的习惯从秦以前就已形成。如战国临猗人猗顿，大畜牛羊，十年成为巨富。秦汉以后，饲养畜牧的习惯更加普遍，据史料记载，班壹曾利用朔北一带特殊的自然环境发展畜牧业，带动了整个山西乃至全国畜牧业的发展。山西汉代墓葬中出土了大量陶制牛圈、羊圈、猪圈的明器，从另一个侧面反映了当时饲养牲畜的真实情景。特别是南北朝时期，北方游牧民族纷纷南下，以山西为据点，先后建立政权，促进了山西畜牧业的进一步发展。时至今日，在广灵、右玉、五台等县，仍有大片的草坪或牧坡供牛、马、驴、骡、羊食用。五台山的几个台顶，就是放牧的天然优良牧坡。

渔猎是人类最古老的生产方式。十余万年前，居住在汾河中下游的襄汾“丁村人”，就已经从事这种生产活动，他们往下到汾河中捕捞，向上到森林中狩猎。山西地处黄土高原，从自然水利资源条件来说，有黄河、汾河、沁河、涑水河、昕水河、桑干河、滹沱河、漳河等大小一千余条河流。著名的湖泊有董泽湖、伍姓湖和晋阳湖等。而且山西自古就多山多林，沟壑纵横，地理复杂，不仅为各种野生动物提供了天然繁衍和栖息的场所，也为远古人类渔猎业生产提供了必要的前提条件。这种依凭自然优势而形成的生产方式至今仍在山西许多地方盛行。

传统农业生产的最佳帮手：畜牧业

山西境内养殖的牲畜，以牛、马、驴、骡、羊等为主。在山西各地，牛、马、驴、骡主要用于拉车、耕地、骑、驮。过去，马、骡是大家大户饲养的牲畜，主要用于拉马车、耕地。而牛、驴，则是小户人家的畜力，尤其是毛驴，常常是深山里人家的驮、耕牲畜，也是山里人的主要交通工具。

过去家养牲畜都有固定场所，一般选在院子的偏僻角落，通称为畜圈。如养牛的，叫作“牛圈”“牛栏”“牛棚”；养驴

驮架

的，叫“驴圈”“驴棚”；而养马的则叫“马厩”“马棚”“马圈”。在饲养棚内，一般都放有牲畜的配套用具或农具，如由木头或石头制作的用来喂牲口的料槽、铡草刀等。

作为牲口的栖身之所，牲口圈必须保持清洁卫生。民谚有“粪勤除，圈垫干，既积肥，又舒坦”“畜槽勤洗刷，畜毛勤扫刮”。这都说明牲口圈清洁卫生的重要性。养家畜，必须经常在圈内清扫、垫土，山西人称清扫为“起圈”，称垫干土为“垫圈”。农村的牲口棚都比较宽大，通风较好，既能避风遮雨，又便于牲口每天干完重活后休息。

在长期的饲养过程中，人们通过对牲畜细致入微的观察，在养畜用畜方面积累了丰富的经验。如农谚“懒驴上坡屎尿多”“驴儿真怪，骑着要比牵着快”等。当然，饲养牲畜，尤其是大型牲畜，最主要的目的是“用”。人们根据动物的习性，经过长期对牲畜的调教，慢慢地与牲畜在语言、动作上形成了某种默契。像驱使牲畜的口令、进食的时间等，很多都是在长期的驯养过程中摸索出来的，反映出人与自然、人与动物的和谐之美！

在山西，农家畜养的畜类很多，有名的有晋南大黄牛、兴县四红牛、广灵画眉驴、闻喜驴等。之所以说这些牲畜有名，是因为它们都有各自的优点，那么怎样才能选上好“品种”呢，这就是民间所说的“相马”“相牛”术。如长期以来，农

晋南黄牛

人对看牛积累了丰富的经验，所谓“狮子头、老虎嘴、兔子眼、顺风角、木碗蹄、前肢如柱、后肢似弓、浑身枣红”“先看一张皮，后看四个蹄，要选毛是大红袍，不要有杂毛”“嘴粗胸膛宽，臀部长宽屁股齐”“前腿小开门，后腿大开门，蹄大圆硬又要深，四个蹄缝夹住针”等。这就是人们在不断实践中总结出来的一套相牛术。

再比如广灵画眉驴，对驴驹出生的时间都有严格的要求。民谚说“正月二月没人要，三月四月轮不到”“三月的驴驹，四月的马，五月的牛犊不用打”。对于买驴，还有一套标准：“买驴先买一张皮，再买四个蹄，又要骨槽宽，又要嘴头齐。”而像临县优种驴，老百姓在公种驴的选取上就讲究“出门吼三声，骑上一阵风”。

羊是山西畜牧业养殖的一个主要门类，这与山西特殊的地理地貌及由此而形成的生活习惯不无关系。在山西北部、西北部地区，养羊、食羊肉都很普遍，而且牧羊也是山西广大山区一个比较普遍的收入来源。

晋北浑源地处雁门关外的塞上高原，与邻近的内蒙古地区一样，自古就有养羊的传统。这里地广人稀，特别是一些山区丘陵地带，自然条件恶劣，人类活动不多，却是动植物的天堂。此外，塞上高原特有的寒凉气候，不利于病菌繁衍和生存，反倒宜于牛、羊这样毛发浓密的动物生存。所以在浑源就有“羊不生病”一说。此外，羊属纯粹的食草牲畜，这在很大程度上减少了食物交叉感染的机会。

就羊的饲养方式而言，分为放养和圈养两种。放养即指野外放牧，牧羊人将羊驱赶到一定的场所放牧。而圈养是把羊关在羊圈里，由人工割草或以饲料喂养。长期以来，人们总结出一个饲养经验，就是母羊宜于放养，而羔羊则适宜喂养。因为放养的羊，每天不停地奔走，所以容易使得体形精瘦强健，而且有着旺盛的生命力与繁殖力。而小羔羊投喂最好的草或者一些诸如玉米、黑豆等精饲料，多吃少动，则被喂养得膘肥体壮。

浑源民间对养羊情有独钟，当地人常说：“母的下母的，三年下五个。”这句话是说，母羊繁衍，有着强大的裂变效应，母羊生下母羊，第二年小母羊也就开始生羊了，如此倍增，积

广灵画眉驴

浑源恒山黄芪羊

累一群羊也只是几年间的事。因此浑源实行包产到户之后，许多人家开始大批养羊，由开始的三五只渐渐发展成几十只甚至上百只的羊群。

猪是山西农家畜牧业的又一大项。农村养猪，目的在于积肥与食肉。养猪的场所，在山西农村称之为“圈”。在山西农村中，农家大都养肥猪不养母猪，因肥猪不仅可食肉，更重要的是可出售，用途较多。而养母猪，主要是用来繁殖猪崽的。

猪的饲料有两种：一种是粮食饲料，另一种是草饲料。草饲料，一般指从野外采摘野菜饲喂，当然也要掺些粮食加以饲养。在山西有的偏僻乡村，还有“放猪”的习俗。人们每隔一段时间就把猪赶到野外有野菜的地方。也有的人家，整个夏天都把猪放到野外放养。等猪长到一定的体重后，就要把猪圈起来，山西人称之为“站”。意思是不让猪乱跑，让其加肥长膘，一直到猪长成出栏。

除了牛、羊、猪这些大的牲畜外，在山西广大农村也养殖一些诸如鸡、兔等其他家畜家禽。比如说养鸡，过去一般是农家日常生活费用来源的补充渠道。人们可用鸡蛋换些油、盐、酱、醋等生活必需品。近年来，随着新品种的不断更新，一些像“来杭”“红道”等优种蛋鸡步入乡村农舍，有的地方还逐渐形成养殖规模。尽管如此，过去农村的“土鸡蛋”仍备受推崇，反映了人们追求自然、绿色的健康饮食理念。

 猪

鸡

由于山西畜牧养殖历史久远，故而在民间流传有许多有关饲养畜禽的谣谚。如就养羊来讲，有“春抢青，夏避暑，秋抢茬，冬卧冬”“春夏早放，秋冬晚放”“猪怕圪渣羊怕碜（喂食要注意有害的杂质）”；而对牛、马而言，又有“雨天淋牛，伏天晒马”“寸草铡三刀，无料也上膘”“槽满饿死牛儿（草料要勤添少添，不能一下喂的过多）”“把把草，撮撮料，勤添勤喂能吃好”“吃些添些不断草，牲口一定可增膘”“草净料净水也净，膘肥体壮不得病”等。养猪民谚有“猪吃百样草，在人找不找”“喂猪没巧，定时定量最好”等，这些都从不同层面反映了民众的经验与智慧。

“浑水摸鱼”里的诸多生产智慧：渔猎业

山西人养殖鱼类有两种方式，一是利用天然河流养殖。另一种是湖泊、池塘与水库养殖。《太平广记》就记载了古代人们在河东龙门和汾水一带捕捞、养殖鱼类的大量材料。阳城古又名濩泽，《元和郡县志》卷十九“阳城县”下引：“墨子曰：舜渔于濩泽。”利用湖泊养鱼在山西占有一定的地位，如晋阳湖就是一个养鱼基地。运城地区伍姓湖的渔业，在唐代的河东颇有名气，周围有专门的渔家从事渔业生产。池塘养殖的习惯最迟在唐代也已出现。晋中地区的水清池，唐代时鱼类繁盛，

汾河水库

相传五代后唐庄宗曾在此捕捞。到近现代，随着水利事业的发展，水库养殖成为当前最为主要的养殖方式。

山西人捕捞习惯中最原始的是用手摸捞，俗称“浑水摸鱼”。现在黄河沿岸和其他河流旁边的居民仍然用这种方式捕捞，但主要是在浅水中使用，方法是先把水搅浑，然后跳进水中去抓。

捕鱼的另一种方法就是使用渔具打捞，这也是后世最为普遍的一种捕鱼法。以撒网捕鱼为例，这种捕捞方法历史久远，过去黄河沿岸的永济、芮城等地，就有专以捕鱼为生的渔家。另外，山西沿黄河边的许多居民，还常常下河叉鱼，把铁叉向鱼扔过去并把叉住的鱼捞上岸来，这种捕捞方法具有很强的原始性。此外，钓鱼也是极为普通的捕捞方法，钓者以蚯蚓、小

黄河（河曲）撒网捕鱼

虫或面食为诱饵诱使鱼咬钩。

山西的冬、春两季，往往是农民进行狩猎生产活动的重要季节，最普遍的狩猎方法是使用火药猎枪。火药由铁砂、硫黄配制而成，放一枪装一次药。用网捕捉动物的习俗，在唐代就很盛行，现在仍然在一些地方流行，在猎物的洞前和必经之路上安下网袋，设立机关，猎物稍一触动就被网套住。山西古代（至少在唐宋）一些地方虎害为患，而更多的地方有豹子出没，捕捉这类凶猛的动物，往往利用陷阱来对付，使猎物掉进绝境，然后动用大批人手来擒拿。

山西雁北地区历史上与少数民族关系密切，人们利用胡鹰猎获鸟类的风俗由来已久，并影响到晋中地区，现在晋中一带养鹰狩猎的风俗仍在流行。用狗帮助狩猎的习惯通行全省，山西人打猎时，总喜欢带一条机智干练的猎狗，追猎兔子、狐狸。

此外，山西人常使用的狩猎方法还有“下地炮”“烟熏”“扣捕”“诱获”“水灌”等。

所谓“下地炮”，就是用炸药或雷管伪装在食物中，放置在猎物经常活动的区域内，当猎物触碰食物时，地炮就会爆炸，从而将猎物炸伤。

“烟熏”是人们在长期捕猎过程中总结出来的一种行之有效的方法。过去，山区许多地方在冬季就用此法捕捉獾子。獾子的洞穴一般有两个出入口，捕捉獾子需要事先探知其两个洞口，然后在一个洞口燃烧秸柴，将烟扇入洞内，一些村民守在另一个洞口，待洞内獾子欲向外脱逃时，即可用口袋将其套住捕获。

“扣捕”就是利用动物的习性来捕捉鸟类的一种方法。尤其是冬天，人们利用飞禽在野外不好觅食的特点，在场院和野外选一块平地，撒上粮食，上面斜着支一张竹筛，支棍上拴一条绳子延伸到远处，待鸟类进去吃食时立刻拉倒支棍，将鸽子、山鸡等鸟类扣住。

“诱获”与“扣捕”相似，就是利用“诱饵”进行捕捉，

猎狗

竹筛扣鸟

像过去许多山区捉狼，就先设法捉一只狼崽，夜晚吊在一根杆子上，在下面准备好圈套，引诱成年狼进入埋伏圈进行捕捉。

“水灌”与“烟熏”有异曲同工之妙。人们在田野中捕捉田鼠即采用“水灌”的方式。一旦找到田鼠的洞穴，人们便引水灌入穴内，待水淹没洞穴内部时，田鼠即向洞外逃出，人们用事先准备好的网袋将其捕捉。无论“烟熏”“水灌”还是“扣捕”，都客观真实地反映了人们在捕猎过程中的经验积累和聪明智慧。

畜牧业、渔猎业中的信仰和禁忌

山西历史上就是半农半牧地区，又受到北方游牧民族的影响，畜牧业比较发达，在养殖的过程中，形成了具有地方特色的习俗和禁忌。过去的山西，河流众多，森林广布，人们在渔猎中产生了对某些动物的信仰、崇拜与禁忌。

畜牧业习俗和禁忌

畜牧业养殖看似简单，实则繁复。久而久之，人与牲畜之间建立起了深厚的情感，加之牲畜在人们的生活中有着不可替代的作用，比如牛、马，在生产力水平低下的年代，人类生产生活中对其有很强的依赖性。伴随着人们的寄托与期望，便产生了相应的敬畏与信仰。正因如此，山西许多地区的人们把牛和马当作神物来看待。在晋南地区，人们常说“牛是南山虎，马是北海龙”，把牛、马抬到神龙、神虎的地位。在过去，人们普遍地把它们称作马王爷、牛王爷，并设庙祭祀。运城地区万荣县，有白马神庙，在县城十里河堰上，世传为龙马负图处，这就是将马与龙等同看待的佐证。忻州代县凭牛山有牛神庙。传说宋大中祥符二年（1009），宋真宗赵恒去亳州，夜宿孤山店，众马不能起，真宗深感奇怪，追问原因，居民说此地有通圣郎君，俗称牛羊将军。于是宋真宗封通圣郎君为广禅侯，并为之立庙。从这以后，历代修葺，每年五月五日祭祀。这个传说故事，表达了民众对牛、马的崇拜之情。而且有的庙一直保留至今，像临汾市牛王庙。还有的地方祭祀仪式虽然消亡了，但信仰仍然存在，如晋南地区每年一到打春季节，各家门上都贴一幅春牛图，上面写道：“家家门上贴金牛，一年四季保平安。”

公鸡能给人们鸣啼报晓，带来光明，因此人们对公鸡的信仰逐渐产生，认为它有镇邪去妖、消灾免难的功能，给人以光辉前程。某些地方炕上习惯挂一个用彩纸糊起来的大红公鸡，上面是花朵，下面是缨穗，在空中转来转去，十分有趣。死去的人头顶也习惯放一个纸糊金鸡，预示着公鸡能送走黑暗，带来光明，使死者早日返回人间。甚至小孩子有什么不好的习惯，也请公鸡帮忙，比如闻喜县就有这样一种风俗：有的小孩爱晚上大便，家人便让孩子在夜深人静时，站在鸡窝前，先鞠三个躬，口中念道：“鸡大哥，鸡大哥，我白天屙，你晚上屙。”反复念三遍，坚持三天即可改正过来。这就反映了民间对鸡的信仰。

兔子和鸽子，性情温和，民间常把它们视作吉祥物，赋予它们平安和睦的特殊含意。特别是传说中嫦娥奔月，怀抱玉兔，更增添了民众对它们的敬仰。

有信仰就有禁忌。畜牧中的禁忌很多。如忌讳五腿牛、三腿羊出现，认为这是不幸的预兆。又如忌讳乓鸡打鸣，以为这是家门衰败的兆头，发现后，必须杀掉。再比如忌讳梦见驴，民间传说驴是鬼的化身，梦见驴就意味着鬼来拉人，从此寿命就不会长久。

在畜牧养殖中，山西各地还流传着一些传统仪式。有的地方，马驹、牛犊刚出生后，要在它腰间系上一条红布带，意在避邪，使其茁壮成长，不致夭折。小猪刚从集上买回家后，先放在门外，给它肚子上系一根红线，门口生起一堆麦草火，提起小猪耳朵从火上越过。用意是去掉路上带来的邪气，保证平安无事。另外，每年腊月初八，要给牲畜家禽喂腊八粥，有些地方甚至把这天看作牲畜的节日，借此机会对它们致谢报答。

渔猎业习俗和禁忌

对于渔业来讲，沿黄河和汾河等河流的渔民，有一种被称为“开网”的习俗。人们把一年之中第一次撒网捕鱼称为“开网”。开网时，渔家有一定的规矩，如祀天地、龙神、祖宗，祈求保佑丰收等。第一网下水捕上来的鱼多用来当祭品，从第二网开始，才能出卖或食用。

人们在狩猎过程中产生了对某些动物的信仰和崇拜。首先是对一些大型动物如老虎的崇拜。由于老虎威严雄伟，人们把它视作兽中之王。山西有些地方还建有虎王庙，人们在进山狩猎前一定要去朝拜，以求免去狩猎中的危险。另一方面，人们普遍把老虎视为镇邪的神物，突出反映在小孩的衣帽造型上。比如，小孩过满月时，亲戚礼品中常有老虎褥子，一块方形的布料中央，画着一只威风凛凛的老虎。老虎褥子要常盖在小孩身上，以图消灾镇邪，使小孩健康成长。有的地方，许多家庭还喜欢在中堂挂贴老虎，庭院的照壁上画的也是老虎，每年五月端午门上贴老虎画，小孩穿老虎鞋，凡此等等，都是以老虎的形象来镇邪去灾，求取平安。

龟和鳖也是民间信仰的主要吉祥物。相传千年的王八能成仙，又说龟能活一万年，人们就把它作为长寿的象征物。这种心理的物化表现，反映在碑座上，并把它作为龙的长子加以敬仰。在山西各地都可碰到龟驮石碑的艺术造型。

许多百姓对蛇怀有恐惧心理，由于人们平时不常见蛇，于是对蛇产生了某种神秘感，认为蛇是神物，是龙的化身，故称蛇为“小龙”。而在观念中，又将蛇与兔连在一起成为吉祥物，

龟驮石碑

俗谚曰“蛇盘兔，年年富”。在山西民间剪纸中，“蛇盘兔”的题材十分普遍。老百姓认为房顶上有蛇可以保佑平安，粮囤里有蛇预示着粮食吃不完。乡村人们普遍认为蛇能给人治病，也经常有人去求蛇拜药。

在临汾、运城等地区，人们把喜鹊当作吉祥物，认为早上出门听到喜鹊叫，就有喜事来临或有贵客登门。相传牛郎和织女银河相会，那桥梁就是喜鹊搭起的，故称“鹊桥”。这一生动的故事深入人心，使人们对喜鹊更加爱敬。“喜鹊登梅”亦成为人们剪纸、年画中经常出现的题材，许多家庭还把喜鹊的形象绣在枕头、门帘、窗帘和围裙上。

除了喜鹊，人们把燕子也看作吉祥之鸟。燕子又称“玄鸟”，传说商朝的祖先契是其母吞燕卵而生。只有家门兴旺的人家，它才愿意降临居住。因此，燕子降临谁家，谁家就会欢天喜地地欢迎它。

狩猎活动中还有不少禁忌。一些山区的猎人出门打猎，最忌讳出门后碰到的第一个人是妇女，更害怕碰见女人出门倒尿盆。遇到这种情况就认为大不吉利，索性放弃打猎，换时间再去。有的猎人则是弄破中指，让血滴出，以为能破除晦气。人们进深山密林打猎时，常常先要向山神庙祷告祭献。山神庙中供祭的神灵各地不同，有些地方把当地最凶猛的动物当作山神来祭供。有些地方不便于修庙，就在通往山林的路口盖一座简

 蛇盘兔

喜上眉梢

燕子

易的小土屋或者用砖石垒砌个石龛，贴上用黄表纸写的“山神保佑”之类的话。也有的地方用泥土塑造个虎或狼的形象供在石龛中，有的地方干脆塑造一个土地爷的形象。不少地方人们把某块大石头或某棵大树当作山神祭拜，以求平安和收获。

就狩猎对象而言，在选择猎物时，人们一般不愿意打狐狸和猫头鹰，认为狐狸年久成仙，十打九不中，反倒会伤害自己的性命。山乡百姓中也经常传说某些人打狐狸送命的故事，使猎人们更是心有余悸。尤其是白毛狐狸，相传它已经有了长久的修炼，猎人们对它更不敢轻举妄动。猫头鹰在夜深人静时才出来活动，民间把它看作阴府的报信者，猫头鹰在谁家屋顶上鸣叫，就预示着谁家要死人，因此要起来把它赶走。猎人在打猫头鹰时也很胆怯，担心遭到不祥和报复。另外，人们把龟、蛇等物视作神灵，轻易不去伤害它们。

手工业生产

山西手工业历史悠久，境内各地出土的石器、陶器以及骨器等手工制品，都证明山西手工业生产有着深厚的历史积淀。春秋战国时，晋国已采用土铁铸刑鼎。到了战国末期，随着山西冶炼业的兴起，先人们不仅能生产农业用具，而且可以制作多种锐利的兵器。唐代，晋城锅鼎、并州剪刀、阳城铁货，已成为载誉国内外的名特产品，远销东南亚各国。诗人杜甫曾作诗赞曰："焉得并州快剪刀，剪取吴淞半江水。"宋代，伴随着科技进步和手工工艺的发展，人们开始用无烟煤做燃料和还原剂，如长治市上党区八义镇的彩色瓷器手工艺就是这一技术的体现。元明时期，长治、高平、潞州三处的织绸机达13000余台。至鸦片战争前夕，晋东南仍有像上党地区荫城镇这样的大型手工业冶炼场和铁货生产基地。山西酿酒、纺织等手工业的长足发展，体现了山西手工业发展的厚与重。

传统手工业中的生产规范：作坊手工业

山西民间传统的作坊种类多样，主要有磨坊、油坊、酒坊、豆腐坊、纸坊、醋坊、酱坊、染坊、织坊等。过去这些作坊有一个明显的特点是：规模小、人员少，而且设备简陋。这些民间作坊多为手工业劳动者或小业主筹办，员工以长期或临时雇用师傅徒工为主。1949年后，随着国家中小企业政策的不断完善和调整，民间小手工业的发展开始走上正轨，并散发出传统文化的历史蕴味。

油坊

山西油坊主要以荆芥、棉籽、胡麻、葵花籽、芝麻和豆类为原料。过去，山西人嫌黄豆油性小，一般不爱用黄豆榨油，而习惯用胡麻和黑豆榨油，尤其在吕梁一带，多用黑豆制油。传统的制油方法叫“打油”，就是将经过多次工序处理的油料进行挤压。压油是一件十分耗气力的活。过去条件落后，打油房内热气逼人，可以说是不见压油人，仅闻号子声。所以乡村

老油坊工艺流程

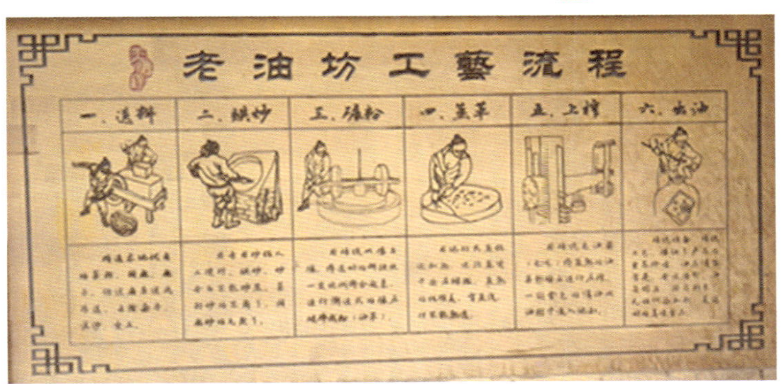

曾流传一首童谣："锅驼机带油碾，你爹打油是好汉，又出力又流汗，一顿能吃十八碗"，生动地反映了油坊作业的辛苦劳累。榨油后的余渣就是人们常说的麻糁或豆饼，它既是肥料，也是喂牲口的饲料。农民榨油一般不收费，他们靠售卖油或豆饼等副产品获取利润。至今山西许多村庄仍然还有用传统的冷压工艺制油的做法。

豆腐坊

过去，山西民间豆腐坊遍及各地，其中以繁峙、灵丘以及晋东南的黎城、高平等地的豆腐最为出名。豆腐是一种传统的豆制品，历史悠久，老少皆宜。做豆腐的工艺并不复杂，首先

豆腐坊

是把泡好的豆子在石制的豆腐磨上粉碎，通过人力或用畜力拉磨，把磨下的豆浆经过“过箩”、加热、“点豆腐”等工序后，再进行挤压成形。豆腐的好坏，原料是一方面原因，最关键的是手法与工艺。俗话说：“卤水点豆腐，一物降一物。”豆腐做得是否有筋有骨，软而不散，甜而不涩，“点豆腐”是最要紧的一道工序，过去这道工序一般由年长有经验的师傅来操刀。山西乡村中“点豆腐”所用的原料一般是卤水和上次积存下来发酵的浆水。从口感上看，压制的豆腐有软、硬之分。太行、吕梁山区做的豆腐一般都很硬，而太原、大同、晋中等平原地区做的豆腐则较软，一碰即碎。过去的乡村，每当清早，卖豆腐那抑扬顿挫的叫卖声从街头传到街尾。农家妇女都会盛上一碗自家的黄豆从卖豆腐的那里换取豆腐，所以也称“换豆腐”。热气腾腾的豆腐，配上辣椒、食盐，吃上一口，回味无穷。

酒坊

山西酿酒的历史久远，可以说商周时期就有原始果酒的生产，因此做酒、卖酒很早就成为一种特殊的行当。历史上，酒坊也叫酒肆。清代，山西的酿酒作坊就多达五百多家，分布在全省各地。酒坊酿酒的原料主要有高粱、豌豆和葡萄。传统的烧酒就是将原料粉碎成小颗粒状，装进木笼加热后搀入酒曲和酵母使其发酵，三天左右再上锅加热蒸馏取酒。酒制成后还要

经过一段时间的存放，也就是我们常说的“窖藏”，而且时间越久，酒味越醇。大的酒坊常存放有上百年的上乘佳酿。过去的酒坊是集生产和销售于一体的服务性行业。店家往往会在自家门前挂三角形或长方形的酒旗，以招揽客人。酒坊一般以散酒为主要售卖对象，往往一到年关或传统节日，家家户户都会早早到酒坊打好酒，招待客人。随着手工业的不断发展，传统的酿酒作坊正在不断消失，取而代之的是现代化的生产工艺，但它作为一种特殊的行当，其所蕴含的文化特质已深深保留在人们的记忆里。山西汾阳杏花村汾酒厂产的汾酒是我国清香

杏花村酿酒

型白酒的典型代表，工艺精湛，源远流长，素以入口绵、落口甜、饮后余香、回味悠长而著称，在国内外消费者中享有非常高的知名度。竹叶青酒也产于汾阳杏花村汾酒厂，是中国古老的传统保健名酒，该酒色泽金黄透明而微带青碧，有汾酒和药材浸液形成的独特香气，芳香醇厚，入口甜绵微苦，温和，无刺激感，余味无穷。

醋坊

醋又叫醯，山西人视醋如命，不吃醋就不叫山西人，所以

醋坊

山西人被称为“老醯儿”。山西酿醋有两千余年的历史，至少在春秋战国时期，醋已是山西人的家常调味品。清顺治年间，介休王来福创制成“山西老陈醋”，闻名全国。直到1949年前，介休“通德合”醋坊，太原“益源庆”“宝丰裕”醋坊仍是响当当的字号。酿醋的原料主要是玉米、高粱、谷子等，而制作老陈醋一般要经过“夏曝晒、冬捞冰”的长期“陈醋”的过程。晋中、雁北一带的乡村，老百姓习惯用高粱制醋，晋西北一带农村习惯用玉米制醋，而临汾、运城一带则习惯制作柿子醋。1949年前，晋中祁县有60%以上的农户自己酿醋，每家备有数个醋罐，从淡到酽依次排列，置于阳面屋檐下。谁家的醋罐多，酿的醋香，谁家就会受人称道和尊敬，甚至嫁姑娘、娶媳妇也把是否会酿醋作为一个条件。20世纪80年代以后，山西的酿醋业向集团化、规模化发展，除山区农村还有家庭酿醋供自己食用外，其他交通便利的地方已无人酿醋。

粉坊

粉坊，顾名思义就是制作淀粉和粉条的地方。在山西省，过去从南到北的许多县都有过粉坊。尤其是山西北部、西北部地区，几乎家家都会做粉条。这些地区的人做粉条，大部分是用土豆做原料，做出来的粉称土豆粉。在山西临汾、运城、长治、晋城、阳泉等地，有些人家则是用红薯做粉条。当然也有

做粉条

用绿豆做原料，生产绿豆粉条的。做土豆粉，首先是将土豆粉碎过滤去渣，然后沉淀去水，将淀粉晾干。使用时将粉面用热水烫拌，做成稠些的糊状，用“河捞床”压到锅里煮熟即可食用。做粉的时间一般以春、秋为佳。无论过去还是现在，粉条都是山西人餐桌上的常见食品，在过去，吃上一碗猪肉炖粉条，真是赛过做神仙！

制药

山西中医药文化源远流长，历代医家悬壶济世，传承授业，为国内医学的创立与发展做出了不可磨灭的贡献。龟龄集、定坤丹、双人牌七珍丹、梅花点舌丹、男宝胶囊这些经典国药以其良好的口碑、过硬的品质，传承和弘扬着中医药文化。

定坤丹，又称“定坤丸”，是著名的补血养血调经药。“定坤”意为使女子子宫得到安宁。定坤丹为山西广誉远国药有限公司（前身为山西中药厂）的产品，是中药妇科制剂的珍品，历经数百年临床检验，疗效卓著，深受广大妇女患者的欢迎。

定坤丹的主要原料为人参、鹿茸、当归、红花、三七、白术、枸杞、香附、鹿角霜等，其生产工序主要分为粉碎、炼蜜、搅拌、制丸、烘干、包装。它具有调经活血、理气、健脾、补血、止血、镇痛、强身的作用。凡妇女身体虚弱、气血淤滞、行经腹痛、腹胀、经行先期或后期、经量太多或太少、经色不正或淡或紫黑、白带、赤带、骨蒸潮热、血崩、血漏、血晕、血脱、月经当见而不见或不当见而见、不到绝经期而月经闭止，以及气郁不舒、食欲不振、产后体虚等症，都有良好疗效。

定坤丹作为妇科圣药，历史悠久。乾隆四年（1739），京师太医院广集全国名医编纂《医宗金鉴》，在乾隆皇帝的授意下，把宫妃郁血病的治疗，纳入太医院的研究内容。由于名医荟萃，集思广益，研究出一个处方，付诸临床，收到奇效。乾隆皇帝大喜，把此方列为“宫闱专用圣药”，赐名“定坤丹”。后来，有个监察御史孙廷夔，山西太谷人，因母亲病重，便设法从太医院抄出定坤丹处方，交给他的家庭药房保元堂配制，治好了母亲的宿疾，从此定坤丹流入民间。后来，定坤丹处方落入太谷药店“广盛号”（后演变为山西中药厂），作为商品制售。由于药效显著，很快风行全国各地。定坤丹先后荣获国家质量金质奖、雅加达中国医药卫生科技成就展金奖、乌兰巴托国际博览会金奖等荣誉。定坤丹还入选国家级非物质文化遗产名录，其处方和工艺被认定为国家级秘密技术。

传承工匠精神的时代载体：工匠

“三百六十行，行行出状元。”过去讲“三百六十行”主要指这些手工匠人行当。山西民间常见的百工杂匠大都没有固定的生产场地，主要靠四处游走寻找活计。各行有各行的特色和传承方式，尤其像传统工艺更是如此。

木匠

过去，民间把各种手工业统称为“五行八作”，而木匠为八大作之首。木匠有细木匠和粗木匠之分，技艺上又有“大工”和“小工”之分。大工指的是能够单独承担精细活计的，通常被称为“师傅”；小工指那些尚不能单独承揽活计的学徒，俗称“徒弟”，只能干一些粗笨活计，如拉大锯、使锛子、刨板子等。木匠外出找活儿，一般都是一个师傅带两个徒弟。他们自带工具，一般是扛一个长柄大锛，后面挂着锯子一类大家什，前面挂着刨子一类小工具。

木匠的行业标志十分显著，出外干活也受人尊敬，被称为“手艺人”。劳动报酬有时计件，有时算天。过去在谁家干活，

木匠

一般就由谁家管饭，常常是四个碟子，有的还给上酒。从前，山西晋南、晋中一带的木匠比较活跃，常到附近各县去揽活，据汾阳市的老人回忆，过去汾阳境内的木匠多为稷山和文水人氏。汾阳崇尚买卖人（商人），不太重视类似木匠之类的手工业，不愿把孩子送去学工匠，认为把孩子送去受苦，还不如送去做买卖。今天我们所能看到的古木建筑、晋式家具等都是这些传统匠人留给我们的宝贵财富。

木工工具

铁匠

铁匠，民间俗称“打铁的”。铁匠外出干活，一般不到每家每户，而是先打听村里要做活的有多少，如果合适，就找一个公共场所生起火炉干一段时间。铁匠炉火通常安放在树下或墙根，开炉后常昼夜作业。铁匠做活不按天计算，都是计件取酬，各户主要给铁匠管饭、供炭。铁匠使用的工具主要有大锤、小锤、铁砧、铁钳、风箱、钢擦、锨子等。工艺

铁匠

流程包括烧、打、蘸水、开刃，其中最出力的是锻打，而最关键的技术是蘸水，也叫“淬火”。师傅要视铁器的用途来决定煅烧的程度和淬火的时间，称为“识火色”。铁匠在山西各地人们心目中的地位不同，如吕梁地区对铁匠看得很高，当地俗语云：“头坐官，二打铁，三弹羊毛四讨吃。”而在晋南地区，由于铁匠是出力活，也很脏，常被人看不起，社会地位不如木匠。历史上，山西的铁匠曾有过光辉的纪录，像并州刀，砍骨不卷；并州剪，剪毛不沾等。今天太原市内有的街道仍以铁匠巷、剪子巷命名。太原还曾是生产刀、剪的集中地，明代太原晋府店的刀、剪更是声名大振，这些都足以说明山西冶铁锻铁技术的高超。

石匠

但凡到过五台山的人，想必一定会为龙泉寺、南山寺等寺庙高超的石雕艺术所折服，殊不知，这些精美的工艺都出自一个古老的行当——石匠。石匠亦称“打石头的”，在山西有很悠久的历史。过去，石匠常外出挨门挨户找活儿。20 世纪 60 年代前，山西农村全靠石磨磨面、石碾碾米，石匠还是个热门的营生。还有一些地方如晋东南，屋顶用石板遮盖，也需要石匠破开石方。其他如窑面、石沿台以及庙宇的石狮、石虎、石碑、香炉等，也都离不开石匠。石匠出门肩背褡裢，中间

石匠

开口，两头装铁锤、铁錾等工具。山西定襄青石村的石匠较为著名，他们的足迹遍及名山圣地，打制出无数精美的石刻艺术作品。直到今天，山西的砖雕、石雕艺术在全国仍很有名。

剃头匠

剃头匠就是理发师，原先是走村串巷为群众理发。“长子理发遍天下”这句俗语，在山西广为流传。理发是长治长子人

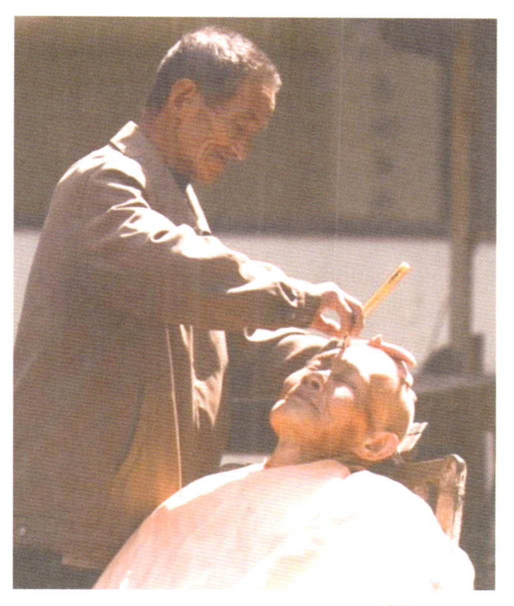

剃头匠

民的一项传统手艺，具有悠久的历史。早在清代，从事理发谋生的劳动者就达3000余人，约占当时全县总人口的3.5%。从清代中叶起，随着山西商号、票号大规模向外发展，长子理发人员也随之向外流动，理发范围不断扩大，渐渐覆盖了山西全境及内蒙古、河北、北京、天津、陕西、宁夏、鲁西、豫北等地。到清末民初，长子理发已成为遍布华北各省区、具有同乡同业行帮性质的理发业社群，可以说全县村村都有剃头匠。到 1935 年，全县仍有 8000 余名理发师分布于全国 33 个大中城市，并形成了一支全国最大的流动理发大军。长子理发师的特点是“刀功硬、技艺精、服务周到”，一般都有一套推拿、按摩、点穴、打眼、捶背、剪鼻、挖耳、摆脖筋、扭麻筋等传统“绝招”。历史上曾统治山西多年的阎锡山和四大家族之一的孔家孔祥熙，头发都很难剃，有不少人因难以应付而被赶出府门，唯有长子理发师傅为其剃头才能满意。长子理发师凭着高超的技艺，赢得了广泛的社会声誉。据统计，近年来，全县在外从事理发的人员就有一万余人。在长期的理发实践中，长子师傅们还为外地培养了大量理发人才，许多人都成了行内的名师。

泥瓦匠

泥瓦匠，俗称“泥水匠”，现称“瓦工”。泥瓦匠主要是在建筑房屋时砌墙铺瓦，所用工具主要是瓦刀、泥子、灰斗等。山西乡村中有两种泥瓦匠，一种是不出远门，只为本村或邻近村庄修房垒墙，遇到盖房高峰季节，要事先约好日期，排好次序才能忙过来。另一种泥瓦匠通常在春夏季节出门干活，俟秋冬季节返回故里。他们往往受雇于人，组成建筑包工队，为城镇服务。

泥瓦匠

金银匠

金银匠是指民间专门从事金银首饰加工制作的人。据历史记载，中国发现和使用白银已有4000多年的历史。早期银器初见于春秋战国，到汉唐打制银器进入鼎盛时期。人们把保佑平安、兴旺发达、延年益寿、长生不老等美好的愿望寄托在各种金银器上，形成了深厚的民间首饰文化。自古以来，由于黄金、白银是财富的象征，而且具有柔软、易加工的特征，人们对黄金、白银饰品颇为喜爱，使打造金银首饰逐渐成为一种职业。

项链、戒指、手镯、耳环……以前要添置这些漂亮的金银

首饰，可不是到珠宝店购买，而是到金银匠那里手工打制。打制金银饰品的人，会把金银带到金银匠那里，当面称重量、定成色，再为顾客打制金银饰品。金银首饰大致分为两类，一类是童饰，另一类为女饰。童饰有手镯、脚镯、锁片、项圈、帽坠、麒麟送子牌、和合二仙牌以及桃式、钟式、筐式等各种各样的铃铛。女饰有插在发髻上的簪子、金钗，戴在手上的戒指、手镯、手链，挂在耳朵上的耳环、耳坠和套在脖子上的项圈、项链等。

打制金银器的工具有酒精灯、银匠砧子、锤子、锉子、钳

金银匠

子、试金石、模子。此外，还有一把戥子和一瓶给首饰上光的白矾水。看打制金银器，绝对是一种艺术享受。其中有一道关键工序叫“火熔”。点上酒精灯，金银匠将带弯头的吹管含在嘴里，深深吸上一口气，用嘴吹气来控制火苗、温度，火焰顿时被吹成了一道细线，金块在蓝色的细火中渐渐变软，随后放进铜模子叮叮当当敲打一气，美轮美奂的花形展露出来，紧接着拿到小铁砧上轻轻锤一锤、锉一锉，去除毛边毛刺，再放进白矾水瓶，只听得“刺啦”一声，一件锃光闪亮的首饰便展现在客户面前。

金银匠非常注重自己的技艺和名声，为人更要厚道讲诚信，“诚信”二字非常重要。最忌讳的就是缺分短毫，否则你这个店的生意就会因名誉受损而一落千丈。大部分金银匠都比较守规矩，有职业道德，但也有个别匠人动歪脑筋。客人拿金银材料来加工，首先要熔化，他们把金银放在一块疏松的木板上，用喷灯熔化，一些金属液体就渗进了木头。待首饰打造定型后，就要用镪水褪去锈色，镪水又把金银器“刮”去了一层，这也占了客人的便宜。如此日积月累，他们就把木头和镪水里的金银提炼出来，获得的收益可能比收的加工费还要多。

磨刀匠

“磨剪子哟抢菜刀”，过去在街头巷尾总是能听到这样的

吆喝声，在这样的吆喝声里，磨刀匠挑着磨刀挑子，走街串巷地招揽生意。听到吆喝声后，主妇们就会拿出家中需要磨的刀具，让磨刀匠来打磨。相传磨剪刀行业的祖师爷是古代的一个帝王，这个皇帝小时候家中贫困，家徒四壁，只剩下一条长板凳和一块磨刀石，为了谋生，他不得不拿着板凳和磨刀石四处周游以替人磨剪刀为生。后来由于生活所迫，他不得不揭竿而起，没想到最后居然一路打下了江山，当了皇帝，而磨刀匠们也因此将这个皇帝供奉为祖师爷。可要问起这位皇帝是哪朝哪

磨刀匠

代，姓甚名谁，就没人能说清楚了。

磨刀匠的行头十分简单，只需要一把长条凳、两块磨刀石即可。通常磨刀匠会将磨刀石挂在凳子的一头，磨刀石旁边还挂着一个小铁罐，磨刀时用来淋水。在凳子的另一头则放着工具箱和坐垫，在工具箱中放着磨刀时所用的主要工具，如刷子、铲子、锤子等。磨刀匠工作时就会将这个长条凳扛在肩膀上，带着工具四处招揽生意，一边走一边用抑扬顿挫的声音吆喝着，直到找到活儿为止。

打磨剪刀时，磨刀匠首先要将送来的剪刀检查一番，掌握其磨损的状况。通常磨刀匠会将剪刀举起，对着光线明亮的地方来观察剪刀的刀口，再用手慢慢地滑过刀口感受一下。然后将剪刀上的铆钉略微地松动一下，用双手分别握住剪刀的两刃，慢慢地将其掰开，开始进行打磨。

在打磨时要注意剪刀的刀口有一个平面和一个斜面，这两个面的打磨技术略有不同。斜面较易打磨，只需按照斜面的角度将其在磨刀石上打磨好即可，但平面打磨起来就需要一定的技术了，只有将刀口的平面完全放平后才能打磨好，若是稍有偏斜就会影响剪刀的锋利度。在磨剪刀时，磨刀匠还需要不停地淋上水，这是为了避免磨刀石同剪刀摩擦导致刀锋过热。磨好后，磨刀匠就会将剪刀的刀口在手指上轻轻地划一下，以测试刀口的锋利度。若是锋利度不足，磨刀匠就要对其重新打磨，直到满意为止。磨完后，还需要将一开始松开的铆钉再上紧。到这儿，磨刀匠的工作就结束了。

除了磨剪刀之外，磨刀匠还有一项常做的工作就是抢菜刀。抢菜刀是指使用专业的工具将已经磨钝了的菜刀重新抢薄打磨，使其变得锋利。磨刀匠首先根据菜刀刀口的类型来选择抢的方法，若是钢刀，刀口较硬，就需要用砂轮进行抢打，若是刀口相对较软，就要用专门的抢刀来抢。抢好后，磨刀匠还需要用磨刀石来打磨，在打磨的过程中，需要在刀上淋上清水，直到菜刀重新变得锋利为止。最后，磨刀匠把菜刀再重新修整一下就可以了。磨刀匠的工作看上去简单轻松，但实际上却是一个苦力活，磨刀时，磨刀匠的手经常会被刀刃划破，长年累月，每个磨刀匠的手都是伤痕累累。

随着社会和生活节奏的加快，现在很少有人有时间去磨一把生锈的刀子，而是扔掉去商店重买一把新的。所以磨刀匠也在逐渐消失，在喧闹的城市里没有了他们的呼喊，在拥挤的人群中他们的身影也越来越少。

修鞋匠

“新三年，旧三年，缝缝补补又三年”，在物资匮乏的年代，鞋子坏了人们总会修补几次，因此那个年代修鞋匠走街串巷就成为一道风景。他们或推车，或骑车，沿着胡同边走边大

修鞋匠

声地吆喝着:“拾掇皮鞋——,修理皮鞋便鞋——。”听到吆喝声,大家便纷纷拿出需要修理的鞋子,请修鞋师傅修理。

过去穿皮鞋的人比较少,大多数人都是穿球鞋、布鞋。特别是孩子们,穿鞋特别费,一双布鞋穿不了多久,就有可能被大脚趾顶个窟窿,于是就需要缝补一下。修鞋的师傅会根据破洞的大小剪一块合适的皮子,用锥子先扎一个眼,再把缝鞋的线用针穿过,一针一针地缝好。如果是靠着鞋底,还得把皮子与鞋底缝在一起，缝完的鞋子既平整又美观。偶尔也会有修皮鞋的，比如给皮鞋钉个掌什么的。这时修鞋师傅就会拿出一个修鞋拐，把皮鞋鞋底朝上套在上面，先把鞋跟清理一下，再剪一块与鞋跟差不多大小的厚胶皮，用钉子钉上。这种钉子叫作秋皮钉，钉身是四角形而不是圆形，师傅会捏几颗钉子含在嘴里，然后用一颗从嘴里拿一颗。钉好后会用一个很锋利的刀子，沿着鞋跟把多余的胶皮切掉，整个胶皮和鞋跟就浑然一体了。如果是鞋跟磨偏了，就得钉一个偏掌。最早偏掌是铁质的，上面有几个钉子。师傅会把这个偏掌定好了位置，然后挥起锤子钉下去，之后还得另外再钉几个钉子。因为钉了铁质偏掌的鞋子走路的时候发出“咔咔咔”的响声，声音很大，后来的偏掌就都换成了胶皮的，走路时声音也小了。

有的修鞋匠还会帮人绱鞋。所谓的绱鞋就是人家自己纳好了鞋底，做好了鞋帮，请修鞋匠把鞋帮、鞋底缝在一起。绱鞋有从外面明缝和从里面暗缝两种工艺，想想鞋子里面那有限的空间，真不知道他们是怎样一针一针缝上的。绱好鞋以后，还得用鞋楦来定一下型，所谓的鞋楦，就是用木头制成的像脚的形状的模型，放到鞋子里面来给鞋子定型的工具。师傅会把适合的鞋楦放到鞋子里面，把鞋子撑得满满的，放置一段时间后鞋子就定型了。这时你再看这双鞋子，整整齐齐的，就像一件艺术品。

修完了所有的鞋子，修鞋匠会让孩子们去叫修鞋的人家过来取鞋子，验收、付钱结束后，修鞋匠就挑起担子去往下一个村子。现在的年轻人，鞋子只要旧了就会淘汰，很少拿去修补了，修鞋这门老行当也逐渐退出人们的生活，只能在市场周边觅得不多的修鞋匠身影。

织布匠

织布匠又叫“纺织匠”，是指以纺织为职业的匠人。织布匠的主要工作是将棉花纺织成布匹，它的工序十分复杂，多达20多道。手工织布的第一道工序是弹棉花，织布匠必须掌握使用弹弓将棉花弹为棉花絮的技术，之后便需要把弹好的棉絮搓成细长状的棉条，这需要借助一个长木杆作为工具，织布匠们将棉絮依次慢慢地卷在木杆上，并来回均匀地搓擀，使得棉条变得柔软蓬松，最后把木杆抽出来即可。

随后织布匠就要将棉条纺成纱线，这个工序需要在纺车上完成。首先将棉条挂在纺车内的柱子上，接着在纺车的锭子上套上纱芯，用手捏住棉条的一端，另一只手从棉条上拉出纤维，并用手将其搓拧成长长的纱头固定在纱芯上，最后摇动纺车的车柄，细长的棉线就纺织出来了。之后再经过一系列过浆、经线、刷线等步骤，使得棉线更加坚固耐用，色彩丰富。

棉线准备好后就要开始手工织布最重要的步骤了，这个

工序所使用的工具是手工织布机，它的主体机身由四根木杆支撑，此外还有踏板、机杼、缯、线轴、梭子等数十个部件，虽然整个机身看上去十分简单，但是要想操作好却并不容易，如果没有一定的经验和技术，就无法将布织得均匀平整。

织布时，织布匠要先将棉线竖着缠绕在织布机上，这个方向的棉线叫作经线。随后把两只脚放在织布机的两个踏板上，通过踏板控制织布机上的缯，将两层经线分开一定的距离，接着双手交替在经线中间来回穿过带有棉线的梭子，将棉线从横向编织到经线中，这种横向的棉线叫作纬线。在编织的同时还

织布匠

要注意用脚踩踏板，调整经线的距离，使得纬线能够很好地编入，如此往复，棉线就这样一点点地在织布匠的手中、在织布机里变成了整齐的布匹。

除了普通的布匹之外，经验丰富、工艺精湛的织布匠还可以用不同颜色的棉线在布匹上织出精美的图案。根据图案和花色的不同，织布匠会选择不同颜色和材质的棉线，将它们按照一定的顺序缠在织布机上，随后把几个梭子分别装上不同颜色的纬线，这样织布匠在织布时若是需要调整纬线的颜色，直接更换梭子就可以了，从而大大地精简了工序。如此通过经纬线的颜

纺车

色变化所织出的布匹不仅颜色斑斓，而且图案精美。这个步骤看上去容易，实际操作中却需要织布匠对于自己所要编织的图案和经纬线颜色了如指掌，即使一根棉线的顺序错误，也可能会导致最后图案的错位。

织布匠正是这样用自己的手艺创造出了一块块精美的布匹。如今，在城市里已经很难看到手工织布匠的身影，只有在博物馆或者民俗艺术馆中才能够看到曾经为我们创造出无数布匹的织布机和手工织布的场景。机械化的发展带给了我们更多更精美的布匹，而织布声和织布匠就这样渐渐地退出了历史舞台。

窑匠

窑匠是指专门制作用于修建房屋砖瓦的工匠。人们常常用“像个烧窑的”来形容一个人穿的肮脏。烧窑的人身上沾着泥巴，或布满灰尘和烟尘，蓬头垢面，给人一种不干净的感觉。其实，窑匠在过去还算得上一种不错的职业。那时，乡下农村住的都是土砖砌墙、黑瓦盖顶的土坯房，人们翻修旧屋或盖新房时，都离不开砖瓦，因此，不管哪家哪户，隔个两三年都得请窑匠烧砖烧瓦。

在过去，烧窑通常在农历二月进行。一般在腊月或者正月里，需要烧窑的东家就会同窑匠提前约定烧窑的方案。到了二月底，窑匠就会选择一个黄道吉日开始在东家附近搭建窑棚。窑棚通常由稻草所盖，窑匠在整个烧制砖的过程中，都要住在这个窑棚中。

盖好窑棚之后，窑匠就要开始和泥了。和泥时，要掺入一定比例的沙土，这样烧出来的砖才能光洁不裂。和好泥后，要脱砖坯子，这是烧窑过程中最累人的活。窑匠在场地上放条板凳，高约 1 米，长 1.5 米，凳子上放着砖模子。砖模子有两种，有一次成型三块砖坯子的，也有成型两块砖坯子的，各人按自己力量的大小选用。砖模子是用木板扣制而成，大小规格

窑匠

都是统一的。脱砖坯子时，窑匠往模子内撒一把沙土（以免粘模子），两手挖一团泥在地上一滚，捧起泥，一下摔在模子里。长期脱砖坯子的人有经验，挖起的泥正好填平模子，用竹弓子刮平模子上的泥，两手把砖模子端下来，反转模子把砖坯就近磕在地上。经过半天的晾晒，砖坯子就定型了。随后窑匠会将砖坯子装在窑中。装好之后，就可以开始烧窑了。整个烧窑的过程根据火候的不同，大致分为三个阶段。

第一个阶段是“前火”阶段。首先用小火烧制五六个小时，接着用旺火烧制，这期间窑匠要根据自己的经验随时观察砖坯子的烧制情况，当砖坯子大部分都变红之后，就可以结束前火阶段了。这个过程通常在一到两天之间，具体的时间则需要窑匠根据火情和砖坯的状况而定。

第二个阶段叫作“熬火”阶段。在经过旺火烧制之后，窑匠要调整砖窑中的火势，改为小火慢烧，这个阶段通常需要 72 个小时左右，在这个过程中，窑匠要随时掌握窑中的火势并及时进行调整，以保证火势均匀平稳，只有这样，烧制出的砖才能均匀一致。

最后一个阶段叫作“后火”阶段，也叫“追火”阶段。这个阶段是用大火旺火来尽快促进砖完全熟透，只有追火阶段烧制好的砖才坚硬耐用。通常追火阶段的火势是最猛的，整个过程需要持续一天以上。

窑烧好后，开始洇砖。洇砖，就是将砖窑里的火熄灭。三四个人轮流挑水从窑的顶端向窑内泼。尽管已经停火，窑内的砖仍旧非常热，经水泼之后，一团团白烟从窑顶升起，非常壮观。经过几天的洇窑，窑顶的白烟渐渐平息，砖就可以出窑了。到这里，窑匠的工作便完成了。

进入 21 世纪，农民的收入有了很大提高，经济富裕，手头有钱，有些还像城里人一样，住进了宽敞明亮的楼房，用土砖土瓦的人越来越少。窑匠这一传统的手艺也渐渐地淡出了历史舞台。

矿工

山西作为中国最大的煤炭生产基地，被人们誉为“煤乡”“煤海”。在山西，矿工一般指煤矿工人。矿工一般都是穷苦人出身，冒着生命危险赚钱养家糊口。矿工分为两种，一种叫挖煤的，俗称砍炭的，也叫“砍手”；一种叫拉煤的，俗称拉趟的，也叫“拉手”。煤窑分为“窨窑”（竖井）和“趟窑”两种。窨窑是先由砍手将煤用镐砍下，由拉手用“趟”拉到窑口，再由井上工人用辘轳一斗一斗地绞起来。趟窑是由拉手直接拉出窑口。煤层分四尺炭、八尺炭、丈二炭几种，还有一种叫“坐炭”的煤层，高不足三尺，刚刚能坐下一个人，故称坐炭。采坐炭难度最大，砍手得躺下砍，拉手得趴下拉，从几百

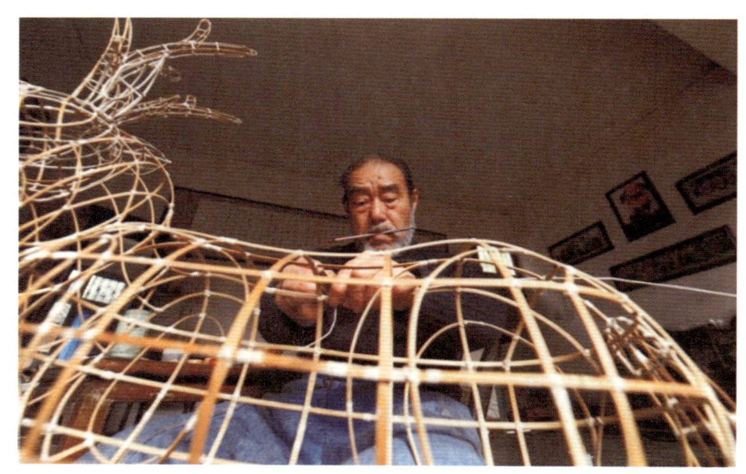

纸扎匠

米到几千米的距离往出采煤，憋气、劳累、危险，辛苦程度可以想象。坑道高不足一米，坡度又大，拉手肩上披着趟襻，手里拄着窑拐，膝上绑着鞋掌，后面拉着木趟，跪着爬行，每走一步都很艰难。有一首歌谣“柳木趟架白条筛，生牛皮趟襻椿木拐，紧赶紧，慢赶慢，谁家贫穷就拉炭”，生动地反映了旧时矿工的劳动生活。

矿工出窑时，浑身上下漆黑一团，体力已消耗殆尽，只有一双眼睛在闪动，还像个活物，如同夜间的猫儿一般，所以被叫作“炭猫”。炭猫在井下劳作，不光辛苦，还随时有生命危险。塌方、冒顶、水溺、瓦斯爆炸等事故常有，又没有任何安全保障。1949 年后，随着煤矿生产技术的不断发展和机械装备自动化水平的飞速提高，矿工的工作环境有了很大改善，下井安全系数也有了很大的提高。

除此之外，还有席匠、箩匠、锁匠、纸扎匠、裁缝等。

手工业中的信仰和禁忌

手工业信仰

山西手工业者普遍都有祖师信仰。木匠、泥瓦匠供祀的祖师爷是鲁班。山西有许多著名古建筑，如太原双塔、应县木塔、大同云冈石窟等，都有在建造时鲁班先师“显圣”帮助解决难题的传说。在今天，晋祠、悬空寺建有鲁班庙，鲁班神位两侧贴有对联：“心聪明且须正直，有规矩能成方圆”“规矩准绳百世祖，方圆平直万年师”。过去在山西许多木匠的家中，也供奉鲁班的神位，不仅每年过年时要供祭，即使出远门做营生也要香火跪拜，求保佑平安。晋北农村碹窑洞时，将拱顶最后合龙的那块石头称作“鲁班石”，要用心雕刻。合龙口放鲁班石时要摆供烧香，鸣放鞭炮，以感谢鲁班爷的护佑之功。山西民间祭祀鲁班的日子是农历六月十六，工匠们叫作“鲁班节”，当天都要休息一天，设宴畅饮，与祖师爷同乐。

酿酒业和制醋业，是山西食品行业的大宗。酿酒的祖师爷是杜康，即夏王朝时的少康，相传为酿酒的发明者。过去酒坊都摆放有杜康神位，开锅前要焚香拜祭，祈求多出酒，出好酒。而且每当新酒出锅，首先要奉献酒神品尝。醋是山西特产。过去乡民多自己酿造，自家食用，也不供祭醋神。城市醋坊（如太原市宁化府醋坊）也供杜康，因酒、醋同源，最初是酒做坏了酿成醋，结果坏事变好事，人们的食品中多了一种调味料。

过去，盐业生产主要依靠大自然的力量，风吹日晒，但不时发生的一些诸如暴雨、客水入侵等灾害，导致盐花不能凝结，食盐产量下降。很长时间里，受认知力的影响，人们不能解释盐的成因，以及盐业生产过程中的种种不利因素，于是将丰歉统统归于自然界中的神灵，希望通过供祭池神，以求指点迷津、解惑释疑，进而保证盐业生产取得丰收。运城盐池神庙由此而兴建，并历代屡次扩建。运城盐池神庙从整体布局来看，三座大殿是盐池神庙的主体建筑，它们一字形排列，两两相交，分别供奉池神、日神和风神。池神是主神，对盐池生产的丰收起着关键作用，因而居于中间。日神和风神分居于池神两侧。运城池神庙向我们展现了过去盐池产盐必不可少的两大要素，即一靠池神保佑，二靠太阳蒸晒和风力吹拂。

山西人民与煤炭结下了不解之缘，与煤炭相关的民俗也各具特色。山西凡是有煤窑的地方，大都供奉窑神爷，亦即煤神。所供窑神是哪位神祇，说法不一。大同市云冈区口泉一带所供的窑神据说是“太岁爷”，他的真名叫殷郊。殷郊本是纣王的太子，长得十分英俊，九尾狐狸精妲己多方勾引殷郊，都被其拒绝。妲己到纣王那里告状，说殷郊多次调戏她，纣王就命人把殷郊绑在柱子上烧死。有位神仙使法，把殷郊的躯体留在木柱上，引其灵魂修炼成仙，因他曾经是纣王的太子，人称“太岁爷”。后来师父命太岁爷下凡辅周灭纣，半路上遇上申

运城盐池神庙

公豹，二人比武，太岁爷输了，申公豹就逼他助纣伐周。纣王灭亡，殷郊被活埋。姜子牙封神时，封他为地王。因为煤炭埋在地下，自然归地王所管，因此他就被尊为煤窑神。人们开煤窑，或是打井、盖房、挖渠，都要动土，就得避开“太岁爷”的府第，民间就有“谁敢在太岁爷头上动土”的说法。祭祀煤窑神的日子是每年冬至日。矿工们给窑神爷上供，祈求保佑一年到头井下平安。各家都捐点煤炭，垒起旺火，入夜时点燃，矿工们大碗喝酒，还把酒倒在旺火上，热闹非凡。初次下井的矿工，提着矿灯和柳条帽，在窑神前磕头祝祷，并献上几个铜钱，祈求窑神爷保佑平安。

太原西山一带所供的煤窑神，则是男女两像，不知为何人。据《明仙峪记》“风俗”记载：“冬至节，窑户冬祀窑神，礼以黑羊。窑黑子凑钱共祭窑神，大窑工人众多，则祀黑羊；小窑工少，则祀酒肴。”用黑羊做祭品，源于一则传说：有位牧羊姑娘，终日与羊为伴。有一年冬至，她在山上遇到风雪交加的恶劣天气，有一只羊羔跑走了，过了一阵，这只羊羔引来一位白发老翁，老翁给了姑娘一块黑石头，让她点燃取暖。姑娘回到村里后，又把黑石头捣碎分给乡亲们。原来这黑石头就是煤。窑神庙中的男像，大概就是那位送来煤炭的老翁，女像就是牧羊姑娘。至于祭窑神用黑羊，大概取意于煤为黑色，是一种象征。

有的地方传说，煤是神仙老君所种，老君姓吴，因此不能在窑口喊“呜喂”，要是“呜喂——呜喂”一喊，冲撞了老君爷，就会窑塌地裂。

阳泉一带的煤窑大都建有老君庙，神龛上有老君像，鹤发童颜，长须飘逸，身披卦衣，手握拂尘，类似道教神祇。祭祀老君在每年腊月十八，人们在锣鼓唢呐声中跪拜祈祷，窑主还要宣读祭文，向老君爷报告窑上情况，赞美老君爷的恩德，祈盼老君爷保佑多产煤，不出事，老少平安。晚上还要请戏班唱戏。晋城一带讲究唱文戏，忌唱武戏，怕老君爷受了惊吓。演戏前，把老君爷神像从神龛内请出来，安放于供有祭品的桌子上，身披红纱布，让老君爷看戏。演戏结束，在鞭炮声和鼓乐声中，将老君爷神像再送回庙内神龛中。

山西是中医的发源地之一。和全国其他地方一样，山西的中医从业人员大都把三皇、扁鹊、张仲景、华佗、孙思邈、李时珍奉为自己行业的祖师，在山西的很多地方建有三皇宫、扁鹊庙、华佗庙、药王祠等。此外，山西还特别推崇傅山，把他称之为“医圣”。

傅山（1607—1684），字青竹，后改字青主，山西阳曲人。他不仅是明清之际名动天下的志士仁人，也是当时著名的思想家、书法家，同时还是一位医德高尚、医术精湛的医药学家。他擅长内、外、妇、儿各科，留下的《傅青主女科》《傅青主

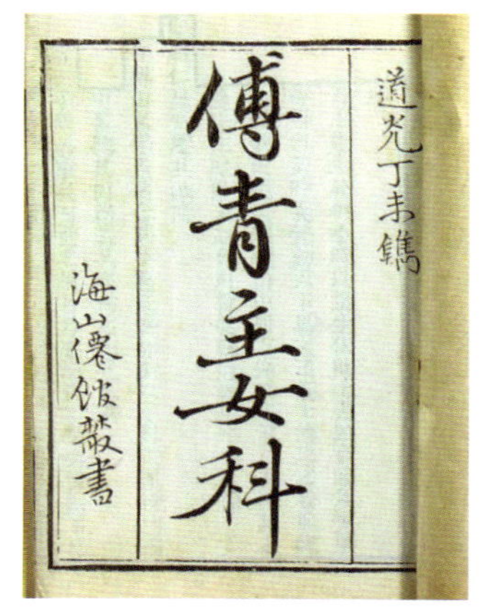

道光丁未鐫

傅青主女科

海山仙館藏書

《傅青主女科》

男科》等医学著作广为流传，影响深远，在当时有“医圣”之名。

傅山出身于医学世家，祖辈通晓医学。明末清初，连年战乱，致使疫病流行，民间缺医少药，死人难以计数。傅山目睹了这样的悲惨情景，决心做一个治病救人的良医。由于他有良好的文化基础，又自幼受到家庭的熏陶，经过几年的潜心研修，就精通了医理。在外出游历期间，他还向许多医家和懂医的道士学习，并广泛搜集药方，以医济世。他曾在太原三桥街设立“卫生馆”，医名远扬四方。傅山不仅医术高超，而且医德高尚。贫穷病人请他看病，哪怕是山高路远，他也立即出诊，不仅不要酬金，还免费送药。

在傅山留下的遗著中，以《傅青主女科》最为知名。《傅青主女科》是一部颇有建树的妇科专著，其内容体例及所用方药，与其他妇科书大不相同。全书分为：带下、血崩、鬼胎、调经、种子、妊娠、小产、难产、正产、产后等。每一病分为几个类型，每一类型先有理论，后列方药。在论述中，先叙述一般人对这个病症的理解，然后提出自己的意见并加以辨析。例如对血崩后昏晕的病例，做出如下辨析："夫人有一时血崩，两目昏暗，昏晕在地，不醒人事者，人莫不共火盛动血也。然此火非实火，乃虚火耳。"书中的方剂，大多由他自己创制。纵观全书，书中主要抓住了肝、肾、脾的相互关系，对妇科疾病进行调治，处方较为切合临床实用，因而颇受后世医家推崇。

除此之外，在山西其他行业也各有祀奉之神，像屠宰业供张飞，因张飞系屠夫出身，亦有刘备、关羽、张飞一起供祀的。纺织、缝纫业，敬织女为祖师。豆腐坊供孙膑、庞涓，纸坊供蔡伦，理发匠供罗祖。

手工业禁忌

山西不同地区的手工业，除有各自的信仰外，还有不同的禁忌。

木匠行业禁忌

工具禁忌。木匠的工具包括斧子、刨子、锛、锯、凿、锉、木钻、墨斗、曲尺等。木匠对于自己的工具，有一种特殊的感情。木匠的斧头每次使用过后都要用红布包起来以示珍重。民间有俗谚“师傅斧，恰惜某”，意思是珍惜工具的程度甚至要超过爱护自己的妻子。木匠忌讳别人触摸他的斧子、墨斗和曲尺。民间有俗语：“木匠的斧子，大姑娘的腰，独行人的行李包。”这三样东西别人是不能动的。据说如果其他人动了这些工具，这些工具就会沾上霉气，使木匠干不出好活儿来。如果有人碰了，木匠就会用咒符点着火绕工具一圈，称为“焚净”，以祛除晦气。

在外睡觉禁忌。木匠大部分时间是到别人家里做工。如果工作量大，一般是要住在主家的。木匠在主家睡觉的时候，通常都会把自己的鞋子在床前一只正放，一只鞋底朝上放，表示和邪鬼互不侵犯。如果这样做还不安宁，就将墨斗绳绕床沿一周，并把瓦灰刀、铁钳子放在枕边，把木尺子置于床沿，来镇邪物。

出工日期禁忌。木匠行业认为孟月逢酉、仲月逢已、季月逢丑的日子是“红煞”日。在一些特别的日子里，木匠是不做工的。所谓孟月、仲月、季月是指农历一年分春夏秋冬四季，每季中三个月，第一个月称“孟”，第二个月称“仲”，第三个月称“季”。所以在每季第一个月逢酉的日子，第二个月逢己的日子，第三个月逢丑的日子，木匠忌出工。在春子日、夏卯日、秋午日、冬酉日是“鲁班煞”日，木匠也忌出工。

忌讳慢待木匠。通常请木匠干活，主家都会好吃好喝地招待，除了感谢木匠的手艺以外，还由于一种“木公厌胜”的心理禁忌。在旧时，民间存在着这样一种说法：请木匠盖房屋的时候，一定要好酒好肉热情款待，以免得罪他们而偷偷在房子中做手脚，引鬼祟进屋，使主家生病丧命、破财败家或遭遇官司等劫难。

忌干活不留尾巴。木匠干活有“留尾巴”的习惯，完工以后要留一些刨花让主家自己打扫，表示今后还有活干。但为人做棺材时，刨花、木屑一定要亲自打扫干净，不得留给主家打扫，免得被视为不吉利。一般做棺材的木匠不得制作家具，也是认为棺材有“晦气”，免得把这种“晦气”带到家具上。

铁匠行业禁忌

忌讳不供奉太上老君。铁匠把太上老君作为祖师爷，在炼铁炉上供奉太上老君的神像。据说太上老君有一手打铁的好手艺，他锻打的农具特别耐用，锻打的兵器锋利无比。因此铁匠想打出好铁器，就要供奉太上老君。在民间，铁匠供奉太上老君时，要用嘴把大公鸡的鸡冠咬破，把鸡血滴进炼铁炉，称为“割花”。然后宰杀这只鸡来奉祀太上老君，祈求祖师保佑。

忌讳别人碰自己的风箱。铁匠最忌讳别人碰自己的风箱。无论是开铁匠铺的铁匠，还是走街串巷打铁的铁匠，都视风箱为吃饭的根本，特别小心和爱护，如同珍惜自己的手艺一样。据说铁匠认为别人动了自己的风箱，自己以后就会倒霉。

忌讳旁人观看及言语。铁匠干活时，忌讳旁观者大声吵闹，特别忌讳人说“小心别打到手”之类不吉祥的话。一来会使铁匠分心，二来人们怕说什么有什么，说小心伤到手，没准真的会伤到手。

忌讳打空锤。铁匠忌讳铁锤直接打在砧子上，叫“打空锤”，认为这预示当日会发生事故，要立即停工。

泥瓦匠行业禁忌

工具忌讳。泥瓦匠十分在意自己的工具，特别忌讳瓦刀被人跨过，如果有人从瓦刀上跨过，会给瓦匠本人和主家招来晦气，甚至会引起建造的屋舍倒塌，出现人命。瓦匠还忌讳校正竖直线的吊锤被人跨过，觉得如果有人从这条直线上跨过，会影响竖直线的精度。因为人在直线上跨越的时候，可能会碰弯线，如果线被碰弯了，一定会影响直线的精确度。

忌讳砌灶时不祭灶王爷。泥瓦匠给主家砌灶的时候，通常要先摆开一些小的阵势，祭祀灶王爷。一来可以求灶王爷保佑主家，二来也求灶王爷保佑自己在给主家砌灶的时候顺利。

窑匠行业禁忌

忌不祭拜太上老君。据说窑匠的祖师爷和铁匠的祖师爷都是太上老君，这可能和太上老君的炼丹炉有很大的关系。一到每年的农历二月十五太上老君诞辰这天，所有的窑匠都会到太上老君庙里祭拜，祈祷在以后的烧窑过程中顺利。据说，如果有人不祭拜的话，就会触怒太上老君，令其烧不出好窑来。

入窑禁忌。窑匠在入窑那天要祭祀神灵。据说假如不在这天祭祀神灵，窑就会坍塌。在民间，窑匠不仅要在建窑和入窑前祭祀窑神，还要在每月的初二和十六祭祀窑神。

采矿行业禁忌

在所有的行业中，采矿是最危险的行业之一，因此有很多忌讳。

忌说"死""憋死"等词语。矿工在井上、井下时，忌说"死""憋死"之类的话，忌用脏话骂人。不但自己不能说，也不许别人说，两口子吵架时都不许说。矿工觉着心里烦闷，或与人吵了架，这一天就不下井了。

忌别人打他的帽子。矿工忌别人打他的帽子，不许把帽子扔到地上。因为帽子是保护头部的，也就是头的象征。头是不能被人敲打或玩摸的，更不能掉在地上。

忌在井口烧纸。任何一个矿工都忌讳在井口烧纸，因为只有人死了才烧纸。

忌在矿井中捕捉老鼠。矿井里有动物是吉祥的象征，山西煤矿工人忌讳在矿井中捕捉老鼠。矿工在井下，敬鼠如神。他们在井下吃饭时，总要分点饭菜喂老鼠，吃不下的剩饭也从不带回家，倒在井下宴请老鼠。这是因为井下有瓦斯、沼气和煤气，这些气体对人危害极大。鼠类对这三种气体极为敏感，只有在没有毒气的地方，它们才出现，所以矿工见了老鼠就有一种安全感。

行医行业禁忌

忌讳叩门行医。医生平常出诊，忌敲患者的门，俗有“医不叩门，有请才行”的说法。在民间，叩门无异于找上门去给人家看病，对病家和医家都不利。

忌讳医生主动询问病情。医生在没有得到患者允许的情况下，是不能主动询问患者病情的。据说医生主动询问不但不会使患者的病情好转，反而会加重。

忌讳直接入患者房间。旧时，医生到了患者的家中，一般先是随便和患者的家人聊聊天，初步问明病人的病情，然后才会问是否可以进入病人的房中进行诊治。经过主人的许可，才可以进入。这样做的主要目的是在跟患者家人聊天的时候，通过家人介绍患者的病情从而断定病人的基本情况，以决定从哪个方面入手诊断，同时也可以给患者充足的心理准备时间。

忌讳直接为女病人诊脉。在封建社会，由于有“男女授受不亲”的礼教约束，医生给宫内妇女看病，大都不能够接近左右，只能根据别人的口述，诊治开方。古代有“悬丝诊脉”一说。据说唐太宗李世民的长孙皇后怀胎已十多个月而不能分娩，反而患了重病，一病不起。当时的医生孙思邈为了更多地了解皇后的病情，就取出一条红线，叫宫女把线系在皇后右手腕上，一端从竹帘拉出来，孙思邈捏着线的一端，在皇后房外“引线诊脉”。虽然“悬丝诊脉”解决了男女授受不亲的难题，但是毕竟诊脉的误差很大，所以医生给妇女看病诊脉的时候，会在医生与病人之间隔一层帐子。诊脉时，病人从帐子里伸出手来，医生再进行诊脉。

忌讳施药方。旧时，医生通过“望、闻、问、切”了解病情，然后给病人对症下药。医生为了保守职业技术的秘密，民间有“施药不施方”的说法。所谓“施药不施方”，就是医生一般只给病人用药，有些医德高尚的甚至会免费送给病人药物，但下药的方子却绝不能轻易示人。因为医生们认为如果将写着治疗方法的药方传给别人，就是将自己的医术或是赖以生存的本领交给了别人，会保不住自己的饭碗。

忌讳开双数药方。医生给病人开药方的时候讲究“开单不开双”，即医生在开药的时候只开三、五、七服而避免二、四、六服等双数。因为医药行业里认为开药开双数，病人家里会祸事不断，是不吉利的。

采药（万寿菊）

忌讳在看病时谈诊金。医生在给病人看完病以后，要收取诊金。医生忌讳在看病前谈价钱。通常情况，都是在医生给病人做出明确的诊断并开出药方之后，主人才将诊金用红纸封好，交给医生。而医生会当着患者家属的面打开红包。如果是给富人看病，诊金给的少了，医生就会将诊金退回，还要双份收取；如果是给穷人看病，有些医德高尚的医生往往会少收诊金，甚至分文不取。

忌讳春节出诊。医生忌讳过年的时候出诊，怕“触霉头”，除非给双份诊金消灾才行。所以普通患者如果在过年的时候生病了，请医生看病的时候要付给医生双倍的诊金，以避凶求吉。

药铺行业禁忌

药铺行业与人的生死有很大的关系，所以药铺行业的禁忌要比其他商业的禁忌多得多。

购药禁忌。通常药铺在年初开张的时候都要进新货。药铺在进新药的时候一般要先购进胖大海、大莲子，盼望能够“大发大利”。

忌冷清。在所有的商业当中，药铺也许是最忌冷清的，所以在药铺里常常是“三响”备齐。这“三响”一般是指算盘响、冲臼响、碾槽响。冲臼和碾槽是药铺捣碎药品的工具。从前，如果药铺里没有顾客的话，伙计往往都会利用冲臼和碾槽碾药，其主要目的就是防止店里太过冷清。

学徒禁忌。药铺的学徒进店后，师傅一般要先教他识别“万金枝”“金银花”“金斗”。这些药名取黄金、银子之意，很大程度上是寓意以后药铺生意兴隆、日进斗金。有的是教学徒拣“柏子仁”，因“柏子仁”长得颇似米粒，师傅先教学徒拣这个，是教育学徒以后办事要细心。

老板的语言禁忌。经营药铺的老板在平时说话的时候常常以药名讨彩头。如：“陈皮”称“头红”，“连翘”称“彩合”，“橘络”称“福禄”，“贝母”称“元宝贝”，“橘红”称“大红袍”，“药凳”称“青龙”，“切药”称“老虎尾巴”，春以“冬木”开刀，冬以“丹皮”收刀。

抓药禁忌。伙计在卖药的时候也忌说卖药，而要说送补药。药铺要想再赢得顾客，必须把握好抓药这个环节。伙计在抓药的时候，每一味药都要独立包成小包，而且在每小包药内一定要放入一张相对应的小画片。该画片印着该味药的药名和图形，作用是让顾客在煎药前对着小画片再复查一遍，以防出错。在抓药的时候忌讳伙计闻药。据说闻过的药就失去了药效，即使这种药是对症的药，患者吃了也不会见效。用戥子称好药后，伙计并不着急包包儿，而是要请另一位师傅按药方依次核对。师傅核对无误后，点头应允才可包上这个带小画片的小药包。小药包儿并不捆扎，而要将剂药的小包儿并成三个大包。三个大包的尺寸和形状完全相同，每一剂药都包成平顶的金字塔形。

“三不捡”的禁忌。在药铺里还有“三不捡”的禁忌。“捡”实际上就是卖的意思，“三不捡”就是“三不卖”，即药铺在遇到处方不明时不卖，分量不准时不卖，药名不符时不卖。

忌药铺里脏乱。药铺忌脏乱，有名号的药铺，柜台内外讲究整洁卫生而有条理。戥秤、压方、风挡、算盘等不用时随手放在柜台的抽屉里，捣桶不用时放在里面的钱柜上。

此外，山西有的地方忌讳女人进油坊。有的地方剃头匠忌讳碰见钉掌的。钉掌的碰见剃头匠，可以把自己的包袱挂在剃头匠的挑子上，而剃头匠不能反抗。当然，现在这种陋习已不存在了，但新禁忌又逐渐产生，如工匠们忌讳别人叫他匠人，因为这是旧社会的称呼，含有不尊重的成分，而喜欢别人称他们为师傅或木工、油工等。从实际看，各行各业，只有分工不同，并无高低贵贱之分。正是因为有了从事这些不同行业的手工业者，才使我们的生活变得丰富多彩。社会需要工匠，更需要精益求精的“工匠精神”。

商贸业

在山西民间，作为产品交换的商贸习俗十分古老。山西民间谚语“鸡蛋换盐，两不见钱”，反映的就是这种最原始的贸易活动。山西的商业活动发端较早，先秦时期的猗顿、汉代的班壹都曾为商业的发展做出巨大贡献。尤其到明清之际，晋商称雄商界500年。山西商人开设的店铺数以千计，从商成为当时一大时尚，故有“学而优则商”的说法。比如汾阳市宣柴堡村，清末民初时只有70户人家，而在天津、内蒙古从商者就有50余人，足见当时从商致富思想深入人心。就连农村妇女的催眠曲，都在表述母亲希望孩子长大后经商发财：“我娃乖，我娃亲，我娃大了走关东；深蓝布，佛头青，虾米海菜吃不清。”聪明伶俐的男孩子一般到十五六岁就离家远行学做生意，俗称“住地方”，学成出徒方才返乡成亲娶媳，这无形中为山西商贸业的发展储备了大量人力资源。

渐行渐远的农村记忆：赶集、逢会

山西的贸易场所主要有市、集、会等形式，人们在这里进行商品交易，俗称街市、赶集、逢会。

街市

街市主要是城市中人们贸易的中心。山西的市在战国时期的晋国时就已出现。唐宋时，山西从南至北，蒲州、绛州、平阳、上党、离石、太原、大同等经济中心和军事重镇，都有繁华的商业街市。市中有店、铺、肆、馆、行等建置，贸易的商品有粮食类、铁器类、蔬菜类、水果类、布匹类、食品类、皮革类等，品种十分繁多。就连当时的塞外大同，也店铺毗邻，市人混杂，热闹非凡。到明清以后，山西境内的市发展更快，各地的县城内都设有相当可观的街市，特别是晋中的祁县、太谷、平遥，商业市场非常出名，素有“旱码头”之称。这时，太原的大中市、开化市、柳巷等，贸易繁荣，居全省之冠，市场建置也更趋于条理化，各类商品都有固定的集中地，如粮食店铺多在三桥街、旱西关一带。过去凡来太原的人都要到这里买东西、吃饭、喝茶、住店。当时著名的饭店“一分利”在鼓楼街，山西大饭店在正太街，开盛园在过门底，正大饭店在柳巷，四美园在红市街，香积园在帽儿巷。通常中餐席面以便席居多，西餐则按份计算。小饭店以家常便饭为主，种类甚多，通常以稀饭、烙饼、烧卖、油糕为常见。大都是客人坐定后，由跑堂的口报菜目，客人自由挑选。旅店客栈，首义门（位于今五一广场）最多，有菜饭俱备者，有备饭而自点菜者，有菜饭均不备者。直到今天，这里仍然是客商云集的中心。

赶集

有句土话叫“赶集、上会、做买卖”。赶集、上会主要是进行买卖交易的，也就是今天常说的物资交流大会。传统的集会分春、秋两季，春季以犁、耙、扫帚等农具交易为主，秋后则以牛、羊、骡、马等大牲畜及风土物产交易为主。会期少则一天，多则三五天，乃至七八天或半个月。集会期间有来自不

赶集（榆次东阳）

同地方的风味小吃，有带有浓郁乡土气息的民间戏曲、道情、杂耍表演等。一些集市贸易地点因商旅集聚而发展起来许多店铺，因而多以“店”命名，像太原的北小店、南小店、新店、向阳店等。

太原北郊一带有“驮不完的西八县，填不满的向阳店”之说。向阳店是晋西北八县往省城太原的必经之地，外县人用高脚（驴、骡、马、骆驼）驮着粮食、油料及其他农副产品，在向阳的集市上交易，换回自己所需要的布匹、盐及其他副食品，因而在此形成了太原北部最大的集市。在“文革”之前，每年春、秋都有两次较大的集会。一次是农历三月廿八的泰山庙会，一次是农历九月十六的骡马大会。人们要买马时，主人手持套马杆，跃身上马，打开马群，驰骋于交易场，让买者辨脚力。买者选中目标后，主人即套住，经“牙行”（中介）在袖筒里“捏指”说合，买卖成交。交款牵畜，一般只卖牲畜，不带笼头。向阳村西有条街叫“羊儿上”，就是因当年此处为羊群集聚交易之地而得名。

逢会

“会”的性质与集相似，但规模要比集大得多，交易的商品无论是种类还是数量也大为增加。除此之外，还增加了唱戏、卖艺等娱乐活动的内容。每个地方的“会”不像集那样频

繁，通常一地每年只有一次。“会”是自古流传下来的，往往和祭祀活动结合在一起，所以民间称为“庙会”。尽管庙会是人们求寿免灾、祛病祈祷的一种活动，不过很久以来，它已逐渐变成物资交易的重要场所。所以，人们祖祖辈辈养成了赶庙会的习惯，如翼城人流传：“逛了汤王会，死了也不亏。”可见人们对赶庙会看得多么重要。这也反映出过去物资匮乏、交易渠道不畅、交易手段落后的客观实际。

山西从南到北都有赶庙会的风俗。如雁北边陲阳高县，每

洪洞广胜寺庙会

年的农历四月初八是孤山奶奶庙会，端午节有真武庙会，六月二十三至二十五是关公庙会，七月初一至初四是许家园胡神庙会，九月是南翁圈勒马关帝庙会等。逢会期间，本县和外地客商都前来贸易。比如关帝庙会，四路客商云集，整个街上除坐商店铺外，小贩摊林立，绸缎布匹，针头线脑，儿童玩具，烟酒饮食，应有尽有。

在各地不同的庙会中，以洪洞县广胜寺庙会最为盛大，乡宁县四月初八“油糕会”历史最久，翼城汤王庙会最具特色。

洪洞广胜寺一年一度的古庙会，是在每年农历的三月十八，庙会会期为五天。前后共五天的庙会，广胜寺人山人海，如同节日一般热闹。庙会期间，霍州、汾西、临汾、襄汾、安泽、古县、侯马的客商、游人、赶会的男女老幼，络绎不绝地从四面八方向广胜寺会聚。庙会期间，广胜寺前售货的、摆地摊的、跑马卖艺的，演戏的、耍杂技的，各行各业，各显其能，吸引着广大顾客和游人。

广胜寺，是一处古老的寺庙，始建于东汉建和元年（147）。唐代大历四年（769），汾阳王郭子仪奏请朝廷进行整修扩建，取“广大于天，名胜于时”，更名广胜寺。寺院建成后，附近的百姓，邻县的文人学士、官员吏佐相继慕名来广胜寺拜佛求愿，祭祀观光。小商小贩也随着游人的增多开始做起生意，这就形成了广胜寺庙会的雏形。

把广胜寺庙会定为三月十八，是由于霍泉水承担着附近良田的灌溉任务，而农历三月十八，是传说中的水神诞辰。因而，人们要在当天祭祀水神。民谚有："三月十八，麦怀娃娃。"这个时候，麦田管理基本结束，收麦季节快要到来，农民需要购置农用器具和生活用品，正是这些原因，形成了农历三月十八的定期庙会。元朝时，庙会规模已经相当可观。元代延祐六年（1319）《重修明应王（大郎神）庙碑》记：三月十八日庙会，"城镇村落，贵者以轿蹄，下者以履，携妻子，与老幼而至者，不可胜既……为集数日。……而后，顾瞻恋恋，犹忘归也"。这段文字，记载了人们当时踏青观景的盛况。至元十三年（1276），《重修明应王殿碑》载："每岁季春（三月）中旬八日，为神降日，萧鼓香烛，骈阗来享者甚众。"来广胜寺祭水神的人，自然是平民百姓，也是受益于霍泉水的附近村民。农历三月十八，从祭祀水神到参观游览，从参观游览到物资交流，集市贸易，无论从物资上还是精神上，都使广胜寺古庙会经久不衰，而且越来越兴旺。

如今的古庙会，对于广大人民群众来说，既是游览集会，又是物资交流会、城乡贸易会，更是文化活动会。这些内容，都使广胜寺的知名度越来越高，影响越来越大，成为这一带百姓中具有节日色彩的集社活动。

在山西吕梁山南端的乡宁县，把每年农历的四月初八定为

“油糕会”。这是当地独树一帜的古庙会。乡宁油糕以“皮脆肉软，味道甜美”而享有盛名。在古代，油糕就被当地人当作美味佳肴，也是当地人招待客人的上等饭食。当地人取“糕”为“高”的谐音，把吃油糕当作吉利象征流传下来，逢年过节食之，款待亲朋食之，欢庆喜事食之。乡宁县城一年一度的“四月八”古会便成了当地人吃油糕的高潮日。因此，被称为“四月八油糕会”。

乡宁“四月八油糕会”，开始于北宋建隆三年（962），距今已有一千多年的历史。“油糕会”期间，乡宁县城便成了一个油糕世界。不足一平方公里的地盘，油糕摊点就多达三五十家。每个油糕摊前，被人围得水泄不通。油糕锅里捞出的油糕，常常不能满足顾客及与会群众的需要。到这里赶“油糕会”的老百姓，以吃饱吃足油糕为美。乡间一些年纪大或患病不能出门进县城的老人、病人，也要让人捎着买几包油糕，在家中饱餐一顿，分享其乐。因而，乡宁县境内有“宁穷一年，不穷一天”“有钱无钱，吃糕过会”的民间谚语。

乡宁县“四月八油糕会”，名闻晋南各县和晋东南地区，与会客商涉及晋、陕、豫三省，人多物广。“油糕会”盛况居邻县集会之冠，会期一般于每年农历四月初六开始，四月十六结束。“油糕会”期间，商业、贸易、物资交流也同时进行，该古会已成为当地一年一度的重要节日。

翼城汤王庙会每年农历十一月起会，历时半个月，以估衣（出售的旧衣服）为主要特色。庙会期间，人山人海，买卖繁盛。汤王庙院内空地上竟有120多家估衣铺，庙外上百亩的场地，分四条大街起棚设摊，京货和鞋帽共占两条大街，首饰、土产和杂货、食品等各占一条大街，木材、骡马市场又在大街之外。这里的古庙会很有意思，一是逢会不贴广告，不演戏，反而商贾倍增，更加繁华。二是各处摊位租占固定，来年不论参加与否，地皮租金照常支付，年久不变。三是会期无保卫组织，但从未发生过抢劫事件。汤王庙会为何不招自来，经久不衰？第一是逢会日期恰当，正值农闲时节，又临近春节，人们急需购买衣物等年货。第二是商风好，货全易挑，还可先购物后付款。第三是毗邻的晋东南各县及垣曲、绛县、浮山等地，需要用自己的木材、铁器来这里交换棉花。第四是购买力大，明清时有的富户每年在会上耗费银洋达万两以上，这里成为难得的购销市场。第五是历年与会的各商号，对这里的行情十分熟悉，准备货物胸有成竹。直至今日，汤王庙会上的贸易仍相当可观。

以诚信誉满天下的三晋经营：经营方式

山西商人从明代起已十分活跃，且以辛勤诚朴的声誉闻名全国，并不断向国外拓展市场。山西商人的经营方式分为行商和坐商。

行商

所谓行商，就是走出去做生意，分为旅外商、转运商和游商三种。

旅外商

明清时期，晋商的“旅外商”包括骆驼帮、马帮、车帮等，主要向俄国、蒙古、朝鲜等地运销产品，曾经以茶叶为大宗。清政府对沿海对外贸易控制甚严，而对北方之俄、蒙却管理松弛。坐落在中俄边界的恰克图为中俄两国最大的边贸市场，几乎全由山西商人把持。此外还有东北边之海拉尔、西北边之塔

车帮

尔巴哈台，均为晋商垄断的对外贸易市场。而晋中商人则是这支队伍中最重要的一支，他们通常是以骆驼队长途调运货物，人们称之为“货房子”。每顶货房子包括骆驼队14把，每把约14峰骆驼，连作一串，由一名驼工牵拉，共有骆驼196峰，加上找水用的马和十来只狗，构成一支浩浩荡荡的驼队，由三个押运人领队指挥。每到驻地，再分把进入各盟旗赊销批发。另外还有一部分驼队专做串蒙古包的零售业务，驼队或分或合，或大或小，视商品情况与贸易额多少临时组合。驼队押运人员大多在山西晋中一带招聘，在科布多接受专门训练，直至通晓蒙语、俄语以及维吾尔语、哈萨克语，方可起用。由于他们了解蒙古族的风土民情，所以在分散售货时常和蒙民共住蒙古包而不受歧视。

转运商

历史上的山西商业是外向型的，由于“土瘠天寒，生物鲜少”，以及“土之所有不能给半，岁之食不能得”，苛薄的生存环境促使山西人最早走向谋商求生之路，所以“不得不贸迁有无，取给他乡”。他们“西贾秦翟，北贾钟代”，不仅活跃于北方边陲城镇，垄断了包头、张家口、海拉尔等地的市场，还南下长江贩茶贩丝办盐，足迹遍及全国。所以今天在辽宁有“先有锦字号，后有朝阳县”的谚语，在内蒙古有“先有复盛公，后有包头城”的谚语，在青海有“先有晋益老，后有西宁城”

的谚语。山西商人称新疆奇台县为“小山西”，称伊宁为“小祁县”，海拉尔城的正阳街，至今仍是宁武人聚居之地。这些城市无不留下晋商文化的印迹，而通过晋商的贩运贸易活动，带动了当地农业、手工业及商业经济的发展。

山西商人在未成为腰缠万贯的巨商富贾之前，大都是从南运北贩开始创业的。像号称百万的介休侯氏，最初就是靠跑苏杭贩运绸缎起家；平遥李氏以制铜绿卖颜料转而搞起了票号生意；太谷曹氏在东北卖豆腐发迹；祁县乔氏在包头起先也不过是做点粮食、蔬菜之类的小买卖；创“三晋源”票号的渠氏祖先是贩梨枣出身。他们“甘劳瘁，耐风寒”，辗转于边塞驻兵之地，开贸于锋刃相舞之旁，虽冒风险而未尝裹足，凭着自身的长途贩运，实打实地逐步积累财富，最终发展成为商界大贾。

明清之际是山西商业的辉煌时期，其中转运商有着不可低估之劳绩。比如，山西不产茶，但最先把茶叶推向国际市场的就是山西人；曲沃张氏明末引进烟草种，使曲沃成为过去山西最大的烟草基地，晋中等地商人也因此开办了多处烟店，并把烟草成品推销到国外；太谷“龟龄集”获得成功后，在药材采办中垄断了广州、香港、河北安国等市场，甚至京津药店都不足与之抗衡。此外，东北、西北地区之皮毛市场，江南之丝绸、盐业等，山西商贩均有着举足轻重的地位。

游商

游商在民间旧称“货郎”“担担商”“挑八股绳”，他们或背负，或肩挑，或推车，走街串巷，以乡村为主要兜售市场。

在娘子关、平定等地的偏僻山乡，时常会看到一些肩挑担子、手摇拨浪鼓的买卖人走街串巷，四处叫卖。这种流动性的经商习俗，不仅有着悠久的传承历史，也成为山村特有的一道风景。

阳泉娘子关、平定的货郎担，最初出现在汉朝，到了唐朝初具规模。经营的手段最初是“以物易物”，他们把食盐、瓷器、棉布、铁锅、犁铧等挑到山庄窝铺，换回当地的如皮毛、麻皮、粮食、篓筐等农副产品。明朝以后，随着商业资本主义的产生，商品式样更加繁多，外商洋货也开始涌进中国，山西各地的货郎担也逐渐增多，经营的商品有针线、纽扣、顶针、扑粉、胭脂、雪花膏、梳子、发卡、各色头绳等小百货，当地称为“卖口钱的”。货郎招徕买主的办法是手摇“拨浪鼓”。那些长久从事买卖的货郎，摇“拨浪鼓”很有讲究，非常注意鼓点，细细听来，有着和谐鲜明的节奏，如“咚！咚！不隆咚，不隆不隆不隆咚”。当地群众依据其节奏附会出了饶有趣味的词语：“请！请！请姑娘，请出姑娘再商量。”那些小姑娘、老太太、媳妇们听到这熟悉的声音，就知道是货郎上门了，喜笑

货郎担

相迎，前去挑选自己喜欢的物品。再看看货郎的担子，更是有趣，一根扁担，一头挑一个像食盒一样的木箱子，箱内安有多层小柜，装有几层抽屉，最上面一层装有玻璃，内盛样品，以便顾客挑选，下面才是货品。和走街串巷卖小百货的小商贩一样，其他肩挑商人也以叫卖为主，但经营的商品有了分工，有的专营油盐酱醋，有的专营锅碗瓢勺，有的专营瓷盔陶器，有的专营笼箩簸箕。当然招徕顾客的方法也与货郎担有别，如收碎钢破铁的是敲一面铜锣，磨剪抢刀的是吹铜号。收破鞋烂袜的，被称为“收破烂的”，每到一地，则凭着自己的高喉大嗓大声吆喝，妇女们拿破烂兑换针头线脑等日常用品，儿童们则喜欢用破烂换玩具，如琉璃蛋蛋、泥狗狗等。

坐商

坐商是相对于“行商”而言的，凡有固定的营业场所，进行专营或兼营商品业务的“店”“铺”“堂”“庄”“号”“栈”等，均属坐商的范畴。坐商一般多选择在城镇闹市街道两侧进行营业。在山西历史上，尤其明清时期，坐商主要有钱庄、票号、商号等。

钱庄

钱庄是山西坐商中的魁首。明清时，随着商品交换逐渐打破地区界限，日益需要有专门的货币兑换业务，山西钱庄应运而生。钱庄主要是兑换银钱，办理存放款业务，开放庄费。少数还发行银钱票，并能在市场流通。山西最早的钱庄是成立于乾隆二十四年（1759）的晋中徐沟县（今属太原市清徐县）的“广和隆”，以后是文水县的“合聚永”、平遥县的“复兴公和记”和“永盛庆”。与此同时，晋南襄陵县（今属临汾市襄汾县）的“泰盛和”，晋东南潞城县（今长治市潞城区）的“恒泰公”，阳泉平定的“德泰兴”钱庄也陆续开设。清末，全省钱庄发展到400余家，之后又增加到561家，主要集中在大同、代县、榆次、太原、平遥、曲沃、安邑、洪洞、晋城等地。1935 年，山西省银行成立后，全省钱庄仍保持 300 余家。

票号

晋商是票号之祖。票号由山西商人首创，总号设在山西，多数由山西人经营，因此历史上称为“山西票号”。山西票号兴于平遥“日昇昌”，道光十年（1830）发展到 6 家，道光十七年（1837），形成平遥、祁县、太谷三帮票号，数量日益增多，至清末，共有 26 家。这些票号都在省内外开设有许多分支机构，如平遥“日昇昌”票号的分支，几乎遍布全国各地。

同治年间，山西票号在全国 85 个城镇建有 400 多个分号，并扩展到日本、朝鲜、新加坡等国，构成了四通八达的跨国金融汇兑网。

山西票号的业务，主要是款项汇兑。汇兑方式分票汇与信汇两种，光绪末年发展到电汇。票汇是普通采用的一种方式，特别是对来往较少或生疏的顾客使用。顾客将汇银交到票号，票号给开一汇票，凭票到某地取款。为防止假造，汇票用特别纸张，由专人书写，并盖有印记。有时在商家的要求下，还在汇票上盖有“讨保交付”和“面生讨保”的戳子。汇票遗失，必须及时登报声明作废，补办领款手续。信汇是汇款人交银后，写信给收款人，票号写信通知汇款地所属分号或连号。收款人接到汇款人的信，持信向汇入地的票号取款，票号接到交款的通知，即行付款。这种方式具有半信用汇款性质，不是素

日昇昌票号

平遥清代票号旧址

有往来的大商号则不用信汇。电汇为紧急汇兑，汇费较昂，电报用自编密码，日期、平色、数目，均以一二字代替，由于通汇区域有限，不及票汇、信汇使用广泛。

商号

商号在坐商中占绝大多数，数量之多不可胜举。著名的如祁县乔家在包头开设的复字号，派生出复盛公、复盛西、复盛油房、复盛西店等分号和铺面。1921 年，复字号支垫包头九行十六社用款，资金极为雄厚。又如太谷王相卿的“大盛魁”商号，是北方最大的贸易商行。活动范围以北京、山西、山东、

大盛魁旧址

河北、湖北、湖南、广东等省为主要舞台，远至内蒙古、新疆，甚至俄罗斯的大部分地区。其资本周转额，仅在外蒙古的商号即达一千万两白银。其全部资本，可以用五十两重的银元宝从库伦到北京铺一条路。至于一般的商号，也各有特色。

为了自身利益，大商号在经营过程中均有自己的暗语暗号，以防泄露商业机密。如祁县渠家三晋源票号用“国宝流通”代表万千百十；以“赵氏连城璧，由来天下传”代表一至十；以“谨防假票冒取，勿忘细视书章”代表12个月；以“堪笑世情薄，天道最公平，昧心图自利，阴谋害他人，善恶终有报，到头必分明”代表30日。当铺在当票上对质当物加注，棉织品注“破旧”，丝织品注“虫蚀”，皮毛类注“板光”，银器注“毛”，金器注“淡沙”，并由坐堂先生用独创的大草书写，让别人看不懂，但遇纠纷却持以为凭。

传统社会的广而告之：商行标志与市声

商行标志与市声，为的是让顾客耳闻目注，是招徕顾客的重要手段。山西商人在商品贸易中，各商号店铺为了引人注目，招徕顾客，加快商品的推销，都习惯建有能充分代表店铺性质的，反映经营项目的标志。

商行标志

山西商行的标志有两种形式，一种是竖立牌匾、招牌和字号，一种是打出各种样式的幌子。

古代商人十分注重信誉，晋商尤重字号名声，视同生命。字号的名称不是随便选用的，它除了表示希望兴旺发达、千年永泰外，还有其特定的意义。如太谷广升号药厂，于清嘉庆十三年（1808）改名广升聚，之所以改名，是因为此年新增加了姚聚上等五家股东。虽然有好几家股东，但因姚聚上是当地有权势的乡绅，被选为当家人，广升药店字号上的“聚”字就是由此而来的，它暗示着商号的社会地位。又如祁县乔家在包头的字号，由于总号称“复字号”，因而分号都必须冠以“复”字，即“复盛公”“复盛全”等，意示万变不离其宗，使人们看一眼便知这是势大财粗的复字号分店。后来，复字号许多分号的公积金都存在统事德裕永名下，使东伙不敢擅自动用。因此，把“德裕永”三字拆开，由三个字号各占一字，改称“复盛公德记”“复盛全裕记”“复盛西永记”。商业字号的取名用字有几种类型，一种是取吉祥、发财、兴旺的意思；一种是以人名或地名命名，也有以经营性质命名，或以数字和商品命名的。

太原食品街的招幌

幌子

商号不仅把牌匾作为标志，而且还打出各种各样的幌子来吸引顾客和宣传自己经营的商品。幌子的形式千奇百怪：有的以实物为幌子，如药品商店门前习惯放一瓶人参或其他药物，出售花圈的店铺在门前挂一个花圈，服装商店在门前挂一件衣服等。有的以实物模型为幌子，如修理钥匙的铺子门口，挂着用塑料做成的钥匙模型，卖烟卷的商店门前放着纸烟的模型，

药店幌子——“药串子”

就连街上卖冰糕的车子上也插着一个雪人模型。有的以商品附属物为幌子，如在吕梁市柳林县城内，酒店挂有锡制酒壶和葫芦，卖油店悬挂油瓶，暗示顾客来沽酒打油。还有以含有隐语暗示的物件为幌子，如古代钱铺就有在门前挂钱币的风俗。现在银行门前的标志，虽不是实物钱币，却暗示着金融经营行业。

市声

市声指小商小贩（包括游街工匠）的叫卖声。市声甚为动听，如卖豆芽的喊："好吃的绿豆芽，又长又胖又新鲜！"磨刀剪的师傅高喊："磨剪子来，抢菜刀。"小商小贩的叫卖声具有音乐性，嗓音洪亮，拖腔拉调，有很强的吸引力。

另一种叫卖声是用约定俗成的某种打击声，代替吆喝之声。常见的是卖油的敲梆子，锔锅的摇小锣，磨刀剪的吹小号，人们听到这些特殊的声音，就能知道卖什么货物、修理什么用具的来了，诸种代替吆喝之声俗称"代声"，又称"唤头"，意即召唤顾客。其中最有特色的要数货郎担的"拨浪鼓"。其形状是将上小下大的两个铁圈相连，上面的铁圈内安装一面铜锣，下面的铁圈内安装一面羊皮鼓，锣、鼓左右拴两根小线槌。铁圈下面安装尺许长的木柄。货郎手握木柄转动，线槌跟着摇动并撞击锣鼓，发出有节奏的声响。老百姓又把“拨浪鼓”称作“唤姑娘”，雅称为“唤姣”“惊闺”。张面箩绞簸箕的师傅，用的代声叫“响子”，将七块铁片用劲甩动，发出“吱叮叮叮吱叮叮叮”的响声。过去剃头的是用一支叫作“铮子”的双股音叉，用手轻轻一拨，就发出‘铮——铮——”的响声。

商业经营中的最初立法：铺规与店法

晋商在境内外开设的数以千计的店铺，需要大量营销人员。他们大多选用同乡或沾亲带故之人，为的是可靠放心。平民为了家计也情愿托人说情，将子弟送入商界。在祁县、太谷、汾阳、襄汾、代县等地，男子一般到十五六岁就离家远行，学做生意。初进店铺，从学徒做起。背井离乡在外经商的山西人备尝艰辛。有一首《悲商歌》流传于清代：“白日愁怀尚可支，夜来衾冷好孤凄。魂消倚遍窗棂恨，悔做商人远别妻。”因病或意外伤害客死他乡者，并不罕见。忻州当年曾有专从张家口外往山西境内拉运亡商棺材的养车户。

学做生意，必须小心谨慎，恪守铺规店法。铺规的主要条款有：恪尽职守，敬业乐群，不慢待顾客；货款两清，不得偷窃财物；上板（指关门）后不得随意出入；不得留宿私客；不得擅离职守或逾假不归；不得泄露柜情；内部往来书札使用暗语，重大机密派人口述。除此以外，山西商人还有另外几条硬性规定：不准携带家眷，不准在工作地点结婚，不准入外省籍贯，不准在外地置不动产，被开除后不准再回本号。为保证店铺营业不受干扰，还定有不怕得罪人的规矩："本号概不浮借银钱，应声作保，免开尊口。"并将上述铺规书写在一长方形油漆木板上，悬挂于店堂显眼处，以示众所周知。

由于有不准在外地结婚和不准携带家眷的规定，远去从商者，学成出徒后返回故里成亲，临行时难舍难分，牵肠挂肚。正如歌谣所唱："半截瓮，栽蒜薹，绿格生生长出来。儿出门，娘安咐，隔着门缝看媳妇。白脸脸，黑头发，梳得油光戴的花，越看越爱舍不下，不如在家种庄稼。"民谣《白马白马》深刻地道出了分离情景："白马白马上上鞍，亲戚朋友送盘缠。上马嘱咐亲爹娘，妻儿年小担待她。马上嘱咐亲姐妹，同床睡，同床起，通火坐锅全靠你。上马嘱咐小妻儿，少穿红鞋少站街。妻子嗔怪开言道，你管你，你管你，门又高，狗又乖，哪有闲人敢进来。"丈夫一去数年不归，年轻的媳妇不仅要下地劳动，侍奉公婆，而且要忍受孤独，不由得在思念中发出怨愤："悔不该嫁给买卖郎，丢下俺夜夜守空房。要嫁还是庄稼汉，一年四季常做伴。"待到男人学成个样子，赚了钱，衣锦还乡时，媳妇才眉开眼笑，在邻里亲友的夸赞声中又觉得嫁给商人很自豪。在外的商人也有数不尽的悲愁，《悲商歌》中写道："担尽愁来吃尽惊，许多凶险也曾行。一逢牙侩诓财本，平地无坑陷杀人。"

四海称雄、富甲一方的明清晋商：豪商巨贾

明代以来，在人多地少、气候干燥、田薄利弱的情况下，山西逐渐形成了重商轻农的社会习尚。《太谷县志》的"风俗"中说：该县"民多而田少，竭丰年之谷，不足供两月。故耕读之外，咸善谋生，跋涉数千里，率以为常，士俗殷富，实由于此"。《五台新志》的"生计"中称："晋俗以商贾为重，非弃本而逐末，土狭人满，田不足于耕也。太原、汾州所称饶沃之数大县，及关北之忻州，皆服贾于京畿，三江，两湖，岭表，东、西、北三口，致富皆在数千里或万里外，不资地力。"他们一开始是给店铺当伙计，稍有积蓄后搞个小本生意。由于他们质朴勤俭，久居而富，生意越做越大，终成豪商巨贾。

豪商

祁县巨商乔家，就是从开设草料铺而起家致富的。乔家的创业始祖叫乔贵发，原为祁县乔家堡贫苦农民。清乾隆初年，到内蒙古老官营村的合成当铺当伙计，十余年后用其积蓄开了草料铺，兼营豆腐、豆芽、烧饼等小本生意。有了底本后，开

始做粮油生意，低价购进大批黄豆，次年高价卖出，获得高额利润，便创立了“广盛公”字号。乔氏后代又将其改组为“复盛公”，下属复盛兴、复盛和、复盛西等粮店。此外，还有一批复字号当铺、估衣铺、面铺、钱铺、油坊等，几乎垄断了包头的商品市场。乔贵发的孙子乔致庸，取堂名为“在中堂”，除经营复字号生意外，又开设大德通、大德恒两个票号。其生意由内蒙古发展到东北、西北、京、津、沪、两湖、两广、江浙、四川等地的主要商业城市，资本积累在数千万两白银，成为山西著名的豪商巨贾。此外，还有介休贾村靠经营棉布绸缎起家的富商侯家，人称“侯百万”；靠经营盐业发家的蒲州张家和王家；靠经营茶叶发家的榆次常家、太谷曹家、汾阳牛家等。

伙计

山西商人一般是吸收品行端正的人做伙计，由商人自己出资，把经营业务委托几个伙计去办，伙计对出资者忠实地履行职责，如祖父辈做伙计时借的钱还不了，则由子孙辈偿还。出资者和经营者之间形成了绝对信任的关系。因此，山西商人特别是豪商巨贾对雇员的选择十分谨慎。他们所用的雇员均为家乡本土之人，外籍人员一律不聘。他们雇用本村和邻村知根知底人家的子弟，从小学徒，经过多年磨炼，发现有经营头脑、精明干练之人，节节提拔重用。并且规定：除遇父母丧葬大事外，不得轻易告假；每月准寄平安家信，但不得私寄银钱及物品；不准接家眷外出；不准在外娶妻纳妾；不准赌博；不准在外开设商店；不准捐纳实职官衔；不准携带亲故在外谋事，等等。这些老板还通过考查和监督雇员家乡的家属亲戚而控制雇员。

会馆、戏楼

山西民间有这样一句谚语，“商路即戏路”，说的是凡有山西商人特别是豪商巨贾经营贸易之地，就必然有山西戏曲演唱与流传。山西在出商人的同时，也出了大批戏曲演员，贫穷者无力谋生，往往卖身学艺，稍有积蓄者常常携资外出经商。旧社会把商人和戏子都看作“末流”“贱业”，商人和伶人之间因而有一种天然的联系。清乾隆以后，山西各地的戏班如雨后春笋般地涌现，但当地经济力量不足，观众无钱雇戏班唱戏，戏班就千方百计向外发展。而山西商人背井离乡，与家乡和亲人远隔千里万里，虽然在物质生活上比较富裕，但精神生活却十分贫乏，思念家乡和亲人之情常挂心怀。那些豪商巨贾们就不惜重金邀请家乡的戏班来演出家乡戏，以寄托乡思和娱乐解忧。同时，戏曲演出也为山西商人招徕顾客开辟了市场，促进了商业贸易的发展。这样，邀班唱戏逐渐在山西商人中形成习俗。蒲州梆子、中路梆子、北路梆子、上党梆子等山西梆子戏班，在外地演出皆有利可图，有些名角还发了财，带动更多的戏曲伶人外出演戏。为了更好地欣赏家乡戏，山西商人在聚集之地不但建立了山西会馆，还在会馆内修建了戏楼。“逢年过节或每月之朔，同乡欢聚一堂，祭神祀祖，聚餐演戏。”如清代在北京共有山西商人会馆15个，平阳会馆、临汾东馆、潞郡会馆、浮山会馆、平遥会馆、晋翼会馆，均建有戏楼或戏台，供家乡戏班演出。此外，在天津、张家口、上海、汉口、长沙、湘潭、重庆、成都、兰州、银川、凉州、乌鲁木齐等地，常常有山西梆子戏班演出，甚至沿着商路远达多伦、库伦（今蒙古国首都乌兰巴托）、恰克图演出。只要有山西商人足迹所到之地，就有山西梆子戏的演出和传唱。

豪商大贾的喜好和支持，大大促进了山西梆子戏的繁荣和发展。其中，晋剧（中路梆子）的形成和发展，受晋中商人的影响最为明显。晋剧大约形成于清道光年间，当时正值以票号为代表的晋中商人势力异军突起，不少著名的戏曲班社都是由豪商巨贾出资或组织建立起来的。如成立于清嘉庆三年（1798）的“云生班”，由祁县张庄村富商岳彩光所创建；成立于咸丰九年（1859）的“四喜班”，是榆次聂店大富商王钺所创办；成立于同治七年（1868）的“聚梨园”，由祁县大票商渠源淦所创建；成立于光绪五年（1879）的“全胜和”班，由太谷东场村大财主王虎儿所创办。他们不仅在本地创办戏班，而且还在张家口、库伦等地出资组建戏班。晋中商人从掌柜、账房先生到大、小伙计，许多人都会唱中路梆子，各商号都备有全套乐器。晚上关了店铺没事干，大家就吹拉弹唱，自我娱乐，排解思乡之愁。在山西，还有以商人为主的票友票社，如太谷北洸村富商曹家的“三多堂”自乐班，大同酒店老板王绍先倡办的大同座腔班等，他们对普及和提高梆子戏的演唱艺术起了促进作用。

商贸业中蕴含的智慧：信仰和禁忌

山西民间普遍信奉财神爷，尤其以经商为业的商号店铺希冀发财致富，大都供奉财神爷。山西民间一般把赵公明视为财神。赵公明是《封神演义》中记载的神话人物。他助商纣王抗周，被姜子牙治死。姜子牙封他为正一龙虎玄坛真君，统率招宝天尊萧升、纳珍天尊曹宝、招财使者陈九公、利市仙官姚少司四神，迎祥纳福，追捕逃亡。因他手下有招宝、纳珍、招财、利市四神，自然被民间特别是商人当作财神爷供奉了起来。

近代又有文财神、武财神之说，即以殷代忠臣比干为文财神，以三国时期的关羽为武财神，而山西商人更多信仰的是关公。关羽为山西解州人，以忠义著称，是封建社会人们心目中的偶像。山西商人常兴建会馆或关帝庙，作为集会之所。每逢关羽诞辰或其他一些喜庆节日，必演戏酬神，为的是祈祷关羽的神灵保佑生意兴隆，发财添福；在宣扬以义制利、诚信为本的经商之道的同时，也巩固和加强了同籍商人之间的团结。如山东聊城的山陕会馆，是由山西、陕西客商于乾隆八年（1743）集资所建，共有殿、堂、楼、阁160余间。正殿祭祀关帝，关帝两侧是文昌神、火神、财神，正殿对面为戏楼。戏楼额枋上面的檩条上，有《三结义》《三战吕布》《三顾茅庐》《斩颜良》《赠赤兔马》《挂印封金》《灞桥挑袍》《夜观春秋》《兄弟相会》等颂扬关羽的戏画，充分表达了商人们对关羽的敬重和信仰之情。

商人发家致富后，对早先的创业祖先都加以敬仰和供奉。如榆次富商常家，其祖先康熙年间在张家口开设布摊，后发展为布铺，起名“常布铺”，又发展为数十家经营棉布、绸缎、茶叶、账局、钱庄、票号的字号，常家后人就将“常布铺”的招牌供奉于家祠内，以纪念祖先创业功绩。

商人做买卖，讲究开门大吉，因而十分看重一天的第一桩买卖。店铺早上开门营业，掌柜的首先要拿起算盘上下晃动几下，响动几声，然后放在柜台上噼里啪啦打几下，越响越好，祝愿有好兆头，也暗含精打细算之意。山西大多数店铺正月初一至初五都要歇业，初六悬灯结彩，鸣炮庆祝开市大吉，并对第一个进门的顾客给予优惠。夜晚为了安全，门窗上板加锁，但忌言“关门”，通称“上板”。

出行上船，最忌申日，又忌酉不离、七不往、八不还，即民间所说的“七不出门，八不还家”。

此外，还有许多禁忌融入日常的商贸习俗之中。如牲口市场的买卖要由牙行撮合，讨价还价时忌讳直言价格，而是在袖筒里或草帽底下进行，互相摸对方捏出的代表数字的手势，如拇指、食指、中指捏合一起为“七”，拇指、食指分开为“八”，

常家庄园

捏合为“六”，俗称“捏码子”。有时双方因价格争议面红耳赤，表情激动，却不闻一言。成交后按照老规矩——“卖牲不卖缰”，卖方把笼头和缰绳摘下，买方另拴绳索把牲口牵走。

在长期的商业买卖中，有许多规矩和禁忌，商人们编为谚语或歌诀，予以遵从，如：

“卖货莫听人拗，买物须与众观。”

“便宜莫买，浪荡莫收”，意思是便宜没好货，谨防上当；收徒时勿收浪荡之子，“凡人无根无保者切不可收，亦勿怂成”。

“有物不可离房，无事切宜戒步”“逢人不令露帛”，意思是所佩财帛，要谨密收藏，应用盘缠，少留在外，否则露帛被人瞧见，致起歹心，恐有丧命倾财之祸。

“不识莫买，在行莫去”，意思是作为客贩货，应固守本行，不可轻易丢弃，暴入别行，真假难识，贵贱难断，常常倾覆财本。

“买卖要牙，装载须埠。”大宗买卖没有中间人，可能秤轻物假，银伪价盲。“所谓牙者，权贵贱，别精粗，衡重轻，革伪妄也。”不能光凭手段和三寸不烂之舌捏合挣钱。卸船装船，须有埠头，否则小人乘奸为盗。雇用脚夫须有脚头，否则脚夫可能中途弃货，损失惨重。

“隔面讲盘，当场唱价。”买卖讲究公平正直，高唱其价，若背地悔议，恐其间有弊。

“铜铁忌储箱柜，重物莫裹包囊。”过去商人外出，备有铜铁秤锤等重物，不可收入箱柜或裹于包袱之内，恐被他人疑为财物银钱，遂起歹心，不可不慎。如有此类重物，宜显露外面，以远奸人之害。

“财虞外悦，账忌内勾。”店铺商号，最忌里勾外连，无偿挪用等事。若不能及时发现制止，必倾其财。

参考文献

白占全:《吕梁民俗》，北岳文艺出版社，2011 年。

董熙隆主编:《中国民俗文化博览》，南海出版公司，2014 年。

段友文编著:《中国民俗知识·山西民俗》，甘肃人民出版社，2008 年。

李彬:《山西民俗大观》，中国旅游出版社，1993 年。

聂元龙:《山西民俗摭拾》，山西人民出版社，2012 年。

乔润令:《山西民俗与山西人》，中国城市出版社，1995 年。

王森泉、屈殿奎:《黄土地民俗风情录》，山西人民出版社，1992 年。

王兴德:《大同民俗》，北岳文艺出版社，2016 年。

温幸、薛麦喜主编:《山西民俗》，山西人民出版社，1991 年。

余耀东编写:《中华传统文化经典：民俗禁忌》，黄山书社，2012 年。

张保福编著:《晋城民俗》，三晋出版社，2010 年。

张超编著:《渐渐消失的匠人行当》，北京工业大学出版社，2016 年。

张余、曹振武编著:《山西民俗》，甘肃人民出版社，2003 年。

后　记

山西表里河山，历史悠久，民俗文化资源丰富多样，地域特色十分明显。开展对山西民俗的研究，是我们在前期《山西文明史》研究基础上对山西文明研究的进一步细化与深入，这对于加强民俗文化资源的保护与利用，重塑山西精神，坚定文化自信，助推文旅融合，都具有积极意义。

《民俗山西》（共十册）于2016年5月立项并正式启动，由杨茂林担任学术指导及主编，董永刚具体负责组织实施，韩雪娇配合。该书在撰写上主要以社科院历史所人员为主，同时吸收了经济所、社会学所、语言所、原晋商研究中心、《五台山研究》编辑部等多位同志参与。由于该书内容庞杂、覆盖面广，为了尽可能做到材料详尽、史料准确，在编写过程中，项目组多次组织作者们分赴晋西北、晋南和晋东南等多地展开调研，并积极调动各方社会资源为书稿的编写提供线索和材料，有效地保证了项目的进度和质量。到2019年10月，全套初稿基本完成，但囿于撰写时间较短和作者专业不同的限制，书稿在写作风格、行文笔触、史料选取、图片使用及篇幅大小上存在明显不一，与最初设计有一定距离。为此，在杨茂林的统一指导下，我们又用了一年多时间，几经易稿，每一册书较前期都有大幅度的改动。直到 2021 年 9 月，整套丛书的修改和配图才基本完成并启动出版流程。难度不谓不大！

作为一套图文并茂的文化普及类图书，无论文字还是图片要求，与普通出版物有很大区别，尤其在图片的搜集和使用上，其困难超出我们的想象。为了得到好的图片资源，山西省考古研究院刘岩副院长、洪洞县文物旅游局刘慧副局长、黎城县民间文艺家协会李建华主席、商务印书馆薛亚娟女士、山西人民出版社席青女士等给予了我们很大支持。该丛书出版前夕，山西省书画院韩少辉院长欣然为本书题写了书名，在此，我们表示衷心感谢！同时也向在编写过程中给我们提供指导和提出建议的社会各界朋友表示诚挚的谢意！由于民俗图片要求特殊，本书在图片搜集过程中，也针对性地选取了几张源于图书和网络的图片，但未能与作者取得联系，为此，我们向作者表示歉意！必要情况下可以和出版社或本书作者取得联系。

编写此类图书是我们的第一次尝试，尽管我们付出了很多努力，但总难免有欠妥与谬误之处，恳请广大读者朋友及专家、学者提出宝贵意见和建议，以便改进我们的工作！

《民俗山西》编写组

2022 年 1 月